Atgofion Hen Wanc

Atgofion Hen Wanc

DAVID R. EDWARDS

Argraffiad cyntaf: 2009

℗ Hawlfraint David R Edwards a'r Lolfa Cyf., 2009

Dymuna'r cyhoeddwyr gydnabod cymorth ariannol
Cyngor Llyfrau Cymru

Llun y clawr: Keith Morris
Cynllun y clawr: Y Lolfa

Diolch i Rolant Dafis, Medwyn Jones,
John Griffiths, Pat Morgan a Keith Morris am y ffotograffau

Diolch i Gari Melville am y discograffeg

Rhif Llyfr Rhyngwladol: 9781847711892

Cyhoeddwyd, rhwymwyd ac argraffwyd yng Nghymru
gan Y Lolfa Cyf., Talybont, Ceredigion SY24 5HE
gwefan www.ylolfa.com
e-bost ylolfa@ylolfa.com
ffôn 01970 832 304
ffacs 832 782

DATBLYGU ÜBER ALLES!
(David, Datblygu a'r Diwylliant Cymraeg)

Rhagarweiniad
gan Emyr Glyn Williams

'We should make a fuss of our friends'
John Peel

Gaeaf 2008. Dwi yn y car ar fy ffordd i Aberteifi i gwrdd â hen ffrind. David Rupert Edwards yw y ffrind; neu i'r rhai sy'n hoffi bod yn llai ffurfiol – Dave Datblygu, Gwir Dywysog Cymru; Y Comiwnydd ola yn Ewrop sy rhy sgint i fynd i Ciwba; Godfather cenhedlaeth Cool Cymru; cyfansoddwr pwysica'r oes fodern Cymraeg; Prifardd y Public Shelter; Llew, Arth, Blaidd neu, erbyn hyn, Y Mynach Modern – or is it Siôn Corn? Take your pick! Ond cofiwch mai Bastard Anobeithiol yw ei enw canol!

Fydd 'na byth ddiffyg *handle*, stori anhygoel neu ddisgrifiad bachog ac *ear-catching* yn perthyn i Dave, efo rhan fwya ohonynt yn cael eu creu gan y dyn ei hun. Mae fy ffefryn cableddus i, 'Jest Iesu Grist ar y Pyst', yn dangos ar unwaith i chi faint o feistr yw Dave ar ddefnyddio llond dwrn o eiria i bryfocio a gwneud i'r ymennydd ddeffro a dechra gweithio.

Ma hi'n fore clir, oer ac unig efo eira dros y mynyddoedd a Trawsfynydd yn wyn i gyd. Mae Kraftwerk ar y chwaraeydd CD yn y car yn cynnig rhywfaint o gwmpeini wrth i mi yrru ar ffyrdd sy'n gwbl groes i'r Autobahn ma'r Almaenwyr yn clodfori ar eu recordiau. "Sdim rhyfedd fod gyrwyr yn yfed" yw barn Dave am lonydd cefn gwlad Cymru.

'Kraftwerk with a hangover' – dyna be ddywedodd yr *NME* am Datblygu unwaith 'ndê, 'nôl yn yr wythdega? Ma lyrics *remedial* y grŵp o Dusseldorf yn neud hi'n anodd gweld sut ma'n bosib cymharu nhw efo caneuon barddonol Datblygu. Hwyrach fod y newyddiadurwr yn gweld y ddau grŵp yn debyg gan iddynt osgoi bod yn gonfensiynol mewn unrhyw ffordd o gwbl.

Mae grwpie sy tu allan i'r norm Eingl–Americanaidd yn dueddol o gael eu cyfri gyda'i gilydd fel un *mass* o gerddoriaeth ethnig gan y cyfryngau torfol. Yn enwedig os ydy'r grwpie yna yn defnyddio ieithoedd heblaw am Saesneg yn eu caneuon – ond, i fod yn deg, ar un lefel, ma cymhariaeth yr *NME* yn spot-on – mae'r ddau grŵp yma wedi goroesi realiti i fod yn grwpie eiconig, wedi profi eu hunain yn ddylanwadol mewn ffordd sy llawer mwy na jest adloniant.

Erbyn hyn, ac ar y pryd, mae cerddoriaeth Kraftwerk yn *synonymous* efo'r syniad o ddiwylliant oltŷrnatif yr hen BRD – Gorllewin yr Almaen; gwlad sydd wedi diflannu. Yn yr un ffordd, ma cerddoriaeth Datblygu ('File Under: Non Hick') yn brysur cael ei weld fel *portal* i fewn i ddiwylliant Cymraeg ei hiaith yn y cyfnod cyn-datganoli – 'I've been waiting for a guide to come and take me by the hand' – chwedl Unknown Pleasures, yn wir.

Tydi o ddim yn fawr o syrpréis sylweddoli chwaith fod Kraftwerk a Datblygu yn grwpie sy'n fwy poblogaidd tu allan i'w gwlad eu hunain na gyda'r *home-market* – *prophets in their own country* – fel roedd Dave wedi sylwi yn nyddie cynnar Datblygu – "dydi pobl Cymru ddim isio clywed be sy gena ni i ddweud, wel problem nhw ydi hwnna.".

Mae grŵp fel Kraftwerk yn llwyddo i greu rhyw fath o *stereo reality* efo'i gelf. Fersiwn nhw'u hunain o realiti Almaeneg trwy greu cerddoriaeth sy'n sôn am lonydd, ceir, trenau, y radio, peiriannau, cyfrifiaduron a'r enaid technolegol. Fersiwn *hyper-real* – *more real than real*. Yr un peth sydd yn digwydd efo gwaith Datblygu.

Efo albyms fel *Wyau* (1988), *Pyst* (1990), a *Libertino* (1993) ma 'na wlad a diwylliant *hyper-real* yn dod i ffocws, fersiwn unigryw o'r realiti Cymraeg sy'n cael ei greu bron yn gyfan gwbl gan eiriau a perfformiad Dave. Yn wahanol i oerni a *functionality* a'r diffyg emosiwn mae'r Almaenwyr yn defnyddio, mae'r realiti ma Dave a'i 'non-conforming non-conformists' yn creu ac yn ei gynnig i ni yn *visceral* iawn, yn llawn cig a gwaed, chwys, poer, sberm, alcohol a chyffuria. Realiti lle ma

pob cliché'n ffaith,
a mae cerdded un cam gormod fel taith,
ac mae byw yng Nghymru yr un peth â syllu
ar y paent yn sychu
ar y gwair yn tyfu lan.

Cyfres o ganeuon am emosiyna sy ar fin ffrwydro ac unigolion bregus ar waelod y domen; ar ddiwedd y ciw; yn byw ar lot fawr o ddim byd.

Twyll yw traddodiad,
Twyll yw diwylliant
Mae'n chwydu fel cerdd dant
Ar goeden barddoniaeth
Monopoli'r delyn
Beirdd a'u gwallt menyn
A'u cynghanedd yw'r gelyn.

Ma'r Gymru sy'n cael ei greu gan Datblygu ar yr albyms yma yn aml iawn yn hunllefus – 'Os hwn yw uffern, cynna'r tân, os hwn yw'r nefoedd, caria mlaen.' Gwlad lle mae'n rhaid i ni dderbyn fod lladd moch yn yr iard gefn yn uchafbwynt diwyllianol yr un mor bwysig ag unrhyw steddfod, nofel neu sianel deledu a dygymod gyda'r ffaith fod STDs bellach ddim yn bodoli – hyn i gyd yng nghanol caneuon sy'n llawn *euphemisms*, sy'n disgrifio'r weithred rywiol fel *llaeth poeth yn y cwpan te*; *gwneud casserole gyda'i gilydd*; *fi fel lego*; *lemonêd orgasmaidd ac ysgytlaeth ffrwchnedd*.

Yn lwcus, mae'r hunllefau yma yn cael eu cyflwyno i ni mewn arddull unigryw – hiwmor ddu-bitsh efo cerddoriaeth ecstatig, gwreiddiol, syml, sy'n llawn cymeriad, naws a theimlad. Hefyd mae'r caneuon yn llawn *lifestyle tips* handi

– Cymerwch asid cyn bod yn athro, byddwch slebog cyn bod yn briod.

Fel cyfanwaith, mae'r tri albym a'r senglau gyda'i gilydd yn gweithio fel drych sy'n dangos i ni'n glir beth yw realiti bywyd yng Nghymru o dan Thatcher yn yr 80au a'r 90au. Be 'dan ni'n gweld pan 'dan ni'n syllu i fewn i ddrych Datblygu yw mai'r sgým sydd yn codi i'r top yn yr oes yma, ddim yr hufen.

Mae *Wyau*, fel albym, yn dechra gyda jôc *conceptual* – 'Paentio'r nenfwd: Efo f'ymennydd' – sef *Welsh language instrumental* – tra bo *Libertino* yn albym sy'n gorffen gyda trac sy'n cynnwys llais un dyn yn unig ar drothwy gwallgofrwydd – 'Mat cwrw o uffern' – no time for jokes now, wrth i Dave adael y llwyfan a chau'r drws gan rantio "ffyc off talwrn y ffycin beirdd bastards". Rhwng y geni a'r Amen ma'r recordiau yma yn cynnig realiti oltýrnatif sy mor ddyfn, emosiynol a chyfoethog ag unrhyw waith celfyddydol ma unrhyw artist Cymraeg erioed wedi'i greu.

Wrth wrando ar fandiau cwbl unigryw a dylanwadol fel Datblygu a Kraftwerk ma hi'n anorfod fod y gwrandäwr yn dechra pendroni ac yn mentro gofyn o'r diwedd – What kind of country produced this music, this artist, this individual? Yr ateb – yr un i Kraftwerk ac i

Datblygu – A country that never existed, wrth gwrs. Dyma'r union sefyllfa roedd yr hanesydd Gwyn Alff yn disgrifio efo'i fotto pync roc-aidd – *'If you want Wales, you make Wales'*.

Mae'r siwrne yn mynd â fi o swyddfa Recordiau Ankst Musik yn Ynys Môn yr holl ffordd i lawr i stad o dai parchus ar gyrion Aberteifi, Y Rhos, lle ma David yn byw bywyd tawel, di-ffys gyda'i dad. Ma David a fi wedi bod yn trafod syniada' ar gyfer sgript ffilm a thros y misoedd diwethaf wedi bod yn ffeirio syniada ar y ffôn ac mewn llythyra. Erbyn heddiw dwi wedi creu synopsis o'r stori 'dan ni'n awyddus i'w hadrodd ac yn mynd i dreulio'r dydd yn trafod dros fwrdd y gegin be fydden ni'n medru cyflawni trwy gydweithio fel hyn. Yn syml, mae ein sgript, *Y Teimlad,* yn dilyn Celf, ein harwr, wrth iddo weithredu *'one man class and sex war'* mewn pentref ger y lli.

Er mwyn cyrraedd Aberteifi, ma'n rhaid i mi deithio trwy ganol Cymru – taith, yn ôl Dave, sy fel cerdded yn y nos rownd mynwent – a ddim am y tro cynta yn fy mywyd dwi'n cytuno gyda Dave. Ma *lyrics* a *worldview* Datblygu wedi coloneiddio fy isymwybod yn llwyr, dwi'n aml yn gweld realiti byw yng Nghymru drwy ffilter Datblygu-aidd.

Er mai prin iawn fyddech chi'n clywed caneuon Datblygu yn chwara ar y radio maen nhw n chwara'n gyson yn fy mhen i. Yn yr un ffordd â ma Gruff Rhys yn cyfeirio at Datblygu fel y 'gospel Cymraeg', dwi'n gweld barddoniaeth Dave fel rhyw fath o *bullshit detector* sy'n gweithio oddi mewn i fy nghydwybod yn cadw fi'n effro – y bardd yn gweithio 24/7 yn ddi-dâl, heb gwyno, fel *guardian angel* personol.

Wrth i mi ddod dros grib allt Penglais dwi'n gweld y môr a Bae Ceredigion a dechra teimlo fy hun yn llithro'n anochel nid yn unig i lawr yr hen allt wirion o serth 'na i fewn i bentref Aberystwyth ei hun ond hefyd i mewn i fyd fy atgofion. Atgofion sy'n dod yn ôl fel ton anferth, hallt sy'n boddi'r miwsig sy'n chwara yn y car.

Ar y chwith dwi'n gweld y Brifysgol a Neuadd Pantycelyn, fy nghartef oddi cartref cynta – stafell 93 – yn un deg saith mlwydd oed ac yn ecstatig fy mod i wedi llwyddo i adael Blaenau Ffestiniog a chyrraedd y coleg, 'nôl yn 1984. Ffeirio culni pentref gwledig am antur, hwyl a rhyddid yng nghanol un o gadarnleoedd y 'pethe' Cymraeg mewn tref a chymdeithas lle ma hi'n bosib i ddyn brynu tocyn oes ar y trên grefi os ma dyna yw ei ddymuniad.

Nesa ma'r Llyfrgell Genedlaethol lle wnes

i drefnu noson ffilmie, *Llwch ar eich Sgrin,* prin chwe mis ynghynt. Noson i ddathlu gyrfa y grŵp Datblygu ar drothwy rhyddhau casgliad Peel Sessions. Cyfle i ddangos ffilm Marc Evans, *ABCDatblygu,* fideos promo o archif Ankst a chynnig *première* o fideo a chân gwbl newydd – 'Cân y Mynach Modern' – sy wedi cael ei recordio gan Dave a Pat Morgan yn arbennig ar gyfer y noson.

Mewn sinema llawn dop dwi'n gwylio fideo i'r trac 'Pop Peth' ar sgrin anferth ac yn syllu ar Dave yn torri ei unig reol bendant – Dim Dawnsio! Mae'r promo *phantasmagorical* yma gan y cyfarwyddwr fideo Geraint Jarman yn cynnig cyfle i ni wylio gwallgofrwydd y genhedlaeth Ecstasy wrth iddynt ddawnsio ar ochr y dibyn efo Dave yn arwain y ddawns mewn *pas de deux* gyda'i dad, sy'n gwisgo crys-t 'Joe Meek Shall Inherit The Earth'!

Profais a synhwyrais popeth,
Am unwaith nid oedd penbleth,
Fel fodca'n syth o'r rhewgell,
Nid oedd angen hogi 'nghyllell.
Iesu! Y rhyddid.
Dim mwy o gaws caled yn feunyddiol

Na'r pesgi, a'r chwysu a'r Brandy – DTs
Mewn pryd mi welais fy mod i'n gwneud i'r
Coesau tymor hir gael eu rhwygo bant...
Popeth da sy'n dod i ti
Popeth da sy'n dofi fi
Lot lot lot lot o hwyl a sbri... ooohhh!!!...

Wrth wylio'r *carnage* yma ar y sgrin, ma geiria'r archifydd pop Gari Melville yn cwffio ei ffordd i mewn i fy ymennydd – "Mae talent David yn enfawr, os rhywbeth, rhy fawr i Gymru, ac os yw e rhy fawr i Gymru mae e hollol mas o le yn syniad y cyfryngau o beth ddylse Cymru fod."

Ar ôl y *screening*, tu allan ar steps y Llyfrgell, wrth edrych lawr ar dref Aberystwyth yn sgleinio yn odidog ar y gorwel islaw, ma Dave yn gwenu, wrth ei fodd fod Datblygu wedi cael y cyfle i deithio o ddyddie du canol y nawdega pan fuodd Dave yn byw yn y Public Shelter lawr ger y môr i fyny'r allt i ben y bryn i serennu am un noson yn adeilad mwya symbolig yr *establishment* Cymraeg. "I never thought I'd be a film star" oedd ymateb Dave i'r noson a'r cariad a oedd yn y tŷ.

Ar waelod yr allt mae Tafarn y Cŵps, ac mae 'na wal dros y ffordd iddi, nesa i'r chippy, lle nath

Dave ac un o'i ffrindia ymosod arna i rhywdro yng nghanol yr wythdega. Yn sicr, mi oedd Dave yn feddw ond roedd yr ymosodiad yn un swreal iawn – "Don't you know who Primo Levi is?" Dyna oedd y cwestiwn bygythiol a oedd yn cael ei ofyn wrth i mi hongian yn yr awyr tu allan i'r siop chips yn disgwyl cweir. Wrth gwrs toedd 'na ddim ffordd i mi ateb. Wyt ti'n deud wrth gwrs dwi'n gwybod pwy ydi o? Mae'r holl beth rhy abswrd. Dim ond mewn pentref fel Aberystwyth fuase'r fath beth yn medru digwydd. *Will I get knocked out for not knowing my Holocaust literature?* Yn syml, y rheswm am y cwestiwn oedd y ffaith i mi fod ar y pryd yn eitha *skinny* (ond yn bell o fod yn *malnourished*!) ac yn dueddol o siafo fy mhen bob hyn a hyn. Yn ei feddwdod roedd Dave wedi cymeryd i'w ben fy mod i wedi mabwysiadu rhyw fath o *concentration camp look* ar gyfer denu sylw. Yn sicr, doeddwn i ddim wedi bwriadu torri tir newydd ym myd ffasiwn trwy greu rhyw 'Auschwitz Chic' ond unwaith eto ma'r stori yma'n profi pa mor effeithiol yw alcohol ar gyfer creu realiti newydd.

Doeddwn i ddim yn nabod Dave yn dda iawn ar y pryd ond am ryw reswm doedd y digwyddiad yma ddim wedi troi fi yn ei erbyn mewn unrhyw ffordd o gwbl. Dros y ffordd, lawr y lôn a rownd y gornel mi oedd 'na glwb. Rhywbeth i neud efo'r ysbyty. Dyma oedd y lle cynta i mi weld Datblygu yn perfformio yn fuan ar ôl cyrraedd y coleg. Llawer o ferched mewn dillad nyrsys yn y gynulleidfa (nyrsys go iawn oedd rhain, ddim *fancy dress*). Doedd gan y gynulleidfa fawr ddim o ddiddordeb yn y grŵp na'r gerddoriaeth. Dyn mewn cot hir a merch efo gitâr fas. Dave a Pat wrth gwrs – cwpl andros o *good-looking*. Yn gwbl naturiol a chyfforddus gyda'i gilydd ar y llwyfan, rhyw fath o *anti-glamour – film star looks and 'fuck you' charisma* – "Dwi'n gobeithio wnewch chi gyd fethu eich arholiadau, dyma'r gân nesa..."

Allan ar y stryd i ganol y dref, pasio Siop y Pethe, pasio'r man lle mae Dave yn ymddangos fel cymeriad yn *Grits*, nofel wych Niall Griffiths am Aberystwyth:

On the way to the bank we meet Dai Datblygu, staggering up Gt Darkgate Street wither beard down to is belt buckle. Ee's wearing carpet slippers and is pissed off is face, swiggin frommer bottle of expensive looking wine

   - Fifteen to one with a five pound stake! Am fucking rich, boy! Ee roars and crushes both me n Mags tergether inner giant, smelly hug.

*Pwoar Christ… as nicer bloke as ee is, ee could
certainly do wither good wash.*

- Fifteen times five, Mags sez — That's…

- Enough for two days oblivion, darlin.

*Ee gives er a big sloppy kiss anner face gets lost
in is beard.*

Ee shambles off. Lucky fucker.

Ma gyrru'r car o gwmpas Aberystwyth ar *nostalgia
tour* fel hyn yn brofiad tipyn bach yn *depressing* a
dwi'n penderfynu troi am Aberteifi. Un *sweep* ar
hyd y prom i weld be sy 'di newid — llwyth — am
un peth, mae'r Public Shelter wedi diflannu.
Ma'r chwilota yma yn y gorffennol yn rhy debyg
i chwilio am ysbrydion. A tydi Dave yn bendant
ddim yn ysbryd — ddim yn ddyn ddoe nac yn
ddylanwad amherthnasol o'r ganrif ddiwethaf.

Mae'r cwpl o flynyddoedd diweddar wedi
gweld Dave yn ailgydio'n ara bach. Ma unrhyw
un sy'n gyfarwydd â'r campwaith *Libertino*
yn gwybod fod stori Dave wedi bod yn dilyn
trywydd i gyfeiriad sy'n annhebygol o gyrraedd
unrhyw ddiweddglo hapus. Ac ers i Datblygu
ryddhau eu sengl ola 'Alcohol/Amnesia' ('dyna
gyd sy ar ôl i ddweud…') 'nôl yn 1995 ma salwch
meddwl wedi troi ei fywyd, ar adega, yn hunllef
poenus.

Ond ers rhai blynyddoedd nawr mae Dave wedi dechra teithio allan o gysgod ei salwch; yn ailgydio'n frwd yn y broses o ailgyflwyno gwaith Datblygu i gynulleidfa newydd efo cyfres o *re-issues* o'i gatalog. Dwi'n sicr fy mod i'n teithio i gwrdd â dyn o gig a gwaed. Hwyrach ddim yr hen Dave Datblygu mwyach, efo'r cyfnod perfformio yn bendant ar ben, ond yn sicr ddim unrhyw fath o ysbryd neu ffigwr mytholegol sy'n aros amdana i yn Aberteifi.

Hwyl fawr Aberystwyth! Mae Dave yn cyfeirio at y lle fel "San Ffransisco Cymru". Wel, efo'r allt serth 'na, y sîn hoyw, y tueddiad i ddenu pobl sy'n chwilio am ebargofiant, y môr a'r harbwr a'r hipis ymhob man – mae o'n llygaid ei le, dwi'n meddwl.

Wedi gadael Aberystwyth tu ôl i mi, a chlirio fy mhen rhywfaint, dwi'n dechra meddwl fod yr holl edrych yn ôl yma i'r gorffennol ddim yn weithred *depressing* wedi'r cyfan. Mae o'n gyfle i adnabod a dilyn llwybrau yn ôl i darddiad yr afon; yn ôl i'r bobl gwreiddiol a oedd yn gyfrifol am gynna'r tân sy wedi bod yn gyfrifol am siapio ein realiti presennol. Pobl fel Dave.

I mi, roedd arwyddo Datblygu i Recordiau Ankst yn 1990 yn gwneud i ni deimlo fel cwmni gwbl *bulletproof*. Dave oedd y catalyst ar gyfer creu y teimlad yna yn Ankst o fentro ymlaen i hyrwyddo artistiaid Cymraeg, beth bynnag oedd barn pobl eraill, a dwi'n gwybod am ffaith fod 'na restr hir o grwpie sy'n gwbl barod i gydnabod Datblygu fel y prif ddylanwad ar eu penderfyniad i greu cerddoriaeth. Ers dyddie y sîn tanddaearol yn yr wythdega mae bodolaeth Datblygu wedi gwneud hi'n glir fod mwy i gerddoriaeth o Gymru na unigolion fel Dafydd Iwan neu bandie fel Yr Alarm; mae 'na fwy ar gael na jest fersiynau Cymraeg o syniada Eingl-Americanaidd. Mae Datblygu yn eich galluogi chi i gredu fod grwpie gwreiddiol yn medru ymddangos yn ein diwylliant yma yng Nghymru ac ma cefnogaeth pobl fel John Peel wedi sicrhau parch a diddordeb o'r tu allan yn y diwylliant roc yma, a oedd ar adega yn cael eu anwybyddu'n gyfan gwbl oddi fewn i Gymru.

Be ma pobl yn dueddol o anghofio yw fod diwylliant y Cymry Cymraeg yn ddiwylliant *mediocre* iawn. Always has been. Ma diffyg unigolion talentog efo rhywbeth gwerthfawr i gynnig wedi creu sefyllfa lle ma safon ein diwylliant creadigol yn *embarassing* o isel. *We'll settle for any old crap* yw'r hen ffordd Gymreig o fyw. Hyn law yn llaw efo tueddiad gan y sefydliad i gadw unrhyw unigolion mentrus, dewr yn bell o ganol y diwylliant (neu promotio aelod agos o'r teulu yn eu lle yw'r ail opsiwn wrth gwrs.)

Yng nghanol *talent void* fel hyn ma Dave yn gorfod cael ei ystyried yn artist unigol, arbennig. Yn medru llenwi y gwacter yma bron yn gyfan gwbl ar ei ben ei hun. Mi nath Datblygu ffurfio yr un flwyddyn â dyfodiad S4C yn 1982, a dwi'n gwybod yn iawn *legacy* pa un o'r ddau sefydliad Cymraeg yma fuaswn i yn dewis cadw os oedd yn rhaid i mi ddewis cadw dim ond un i gynrychioli chwarter canrif diwethaf ein cenedl.

Bron yn Aberteifi rŵan.

'Nôl yn 1990 oedd y tro cynta i mi fynd i weld Dave yn ei gartref yn Aberteifi. Fel ymchwilydd ar ffilm Marc Evans am y grŵp ar gyfer Criw Byw mi aethon ni draw un pnawn i siarad efo Dave – cam cynta mewn proses a dyfodd i fewn i wythnos gyfa' o ffilmio efo'r grŵp mewn warws gwag yng Nghaerdydd. Adeiladu set a chreu cyfres o fideos trawiadol gweledol *daring* i gyd-fynd â'r caneuon anhygoel oedd ar fin cael eu rhyddhau ar eu halbym newydd. Dyma oedd un o'r prosiecta *formative* pwysica i mi erioed brofi. Mi oedd y cyfle i gael cyfweld a gwario amser efo'r grŵp ar drothwy rhyddhau *Pyst* – yr albym gore erioed i gael ei recordio yn yr iaith Gymraeg – yn brofiad heb ei ail.

Wrth wylio *ABCDatblygu* ma hi'n amlwg i unrhyw un fod Dave yn berfformiwr talentog a digri. Mae ei ddynwarediad o Val Doonican ar 'Rhawt' yn enwedig yn ddiléit llwyr.

Mae'r byd yn fwy cyfoethog
Na'r Eglwys Gatholig
Ond mae mor farw
Â phrynhawn Dydd Nadolig
Mae anadlu heddiw'n hala fi'n ôl
Tra o'n i'n peswch fel pregethwr ar trigain y dydd
Ond heb ei ffydd
Cymro a yfwr
Rhesymeg cyflwr
Ymhob arferiad
Fy mheswch ysmygwr.

Yn ogystal â chreu promos mi recordiwyd cyfres hir o gyfweliada gyda'r grŵp lle roedd cyfle i drio darganfod dylanwada (*Coronation Street*, Peel, Ian Curtis, Stan ac Ollie, Eraserhead, Wings of Desire, rasio ceffylau, marwolaeth, The Fall, Bob Monkhouse); athroniaeth ("o'n i ddim yn licio be oedd yn cael ei fynegi trwy gyfrwng y Gymraeg, naill ai mewn llyfr, llenyddiaeth yn gyffredinol, miwsig, unrhyw beth.") a dyheadau ("parhau er mwyn parhau") ac wrth gwrs canfod rhywfaint am yr albym newydd *Pyst* ("Ma'r albym newydd yn well na unrhyw beth nath y Beatles erioed.")

Bron i ugain mlynedd yn ddiweddarach dwi'n ôl ar stepan y drws. Mae cefndir Dave yn un cyffredin iawn. Ma'r tŷ hefyd yn gyffredin a dim ond awgrym sydd fod dim menyw yn byw yma ers i fam Dave farw cwpl o flynyddoedd yn ôl. Mae haul clir y gaeaf yn dod i fewn i'r stafell ffrynt a stêm paned o de yn codi i'm cwrdd wrth i mi ymuno gyda Dave wrth y bwrdd bwyd i drafod a chwerthin, cofio a chreu cynllunie newydd.

'Dan ni'n trafod pa fath o ffilm fydd *Y Teimlad*. Ma Dave yn bendant ynglyn â be mae o'n dymuno gweld – "I've done a few depressing things in my time, now it's time for something positive. I'm tired of all these films with unhappy endings. Let's accentuate the positive."

'Dan ni'n trafod ffilmie yn gyffredinol. Un o hoff ffilmie Dave yw *The Lost Weekend* gan Billy Wilder. Ffilm ddisentimental caled o'r 40au gyda'r actor Cymraeg Ray Milland yn chwara'r ysgrifennydd alcoholig ar ei benwythnos coll. Dyma'r ffilm sy'n cynnwys yr araith enwog:

"Love is the hardest thing in the world to write about. It's so simple. You've got to catch it through details, like the early morning sunlight hitting the gray tin of the rose garden in front of her house, the ringing of a telephone that sounds like Beethoven's Pastorale, a letter scribbled on her office stationary that you carry around in your pocket because it smells like all the lilacs in Ohio."

Dwi'n siŵr y byddech chi'n cytuno gyda mi fod 'na ddim syndod o gwbl fod awdur caneuon fel 'Maes E', 'Y Teimlad' a'r albym *Libertino* yn ffan o'r ffilm yma.

Mae'r sgwrs yn dechra troi at y broblem o edrych yn ôl: "I can't complain, alla i byth, dwi'm yn dyfaru unrhyw beth dwi 'di neud, dwi jest yn derbyn fod petha fel o'n nhw, mae meddwl am gariad yn boenus, but the doctors have stopped picking on me and I've outlived Dylan Thomas, Jimi Hendrix and those others."

Yn sydyn, dwi'n gweld tad Dave trwy'r ffenest yn sefyll yn yr ardd, mewn cae o fwd a oedd unwaith yn ardd o floda. Mae tad Dave yn dod i fewn o'r oerfel ac yn fy nghroesawu drwy gynnig fferins i mi.

Mae'r pnawn yn brysur dirwyn i ben a chyn i mi fynd mae Dave yn sôn fod cynnig wedi cyrraedd iddo fo sgwennu hunangofiant. Syniad gwych yw fy ymateb ar unwaith. Dyma rysáit Dave ar gyfer llyfr o'r fath – "No flim flam, dim ailadrodd, dim darnau boring sydd yn neud chi ddisgyn i gysgu". Dyma'r union fformiwla ma Dave wedi bod yn defnyddio ers iddo ddechra sgwennu caneuon fel 'Problem Yw Bywyd', 'Ceisio Deall Bywyd' a 'Prydferthwch Ffug' 'nôl yn 82 a dwi'n sicr y bydd yr hunangofiant yn cymeryd ei le gyda gweddill gwaith Dave ac yn taro goleuni ar un o drysora artistig pwysica ein diwylliant.

'Dan ni'n ysgwyd llaw, annog ein gilydd i gymeryd gofal a dwi'n gyrru i fewn i'r tywyllwch am y Gogledd.

Emyr Glyn Williams

1

Nid oes pwrpas i fywyd. Mae rhai'n cael eu dallu gan grefydd – eraill gan wleiyddiaeth. Ond un jôc fawr yw e o'r dechrau i'r diwedd. A chariad? Mae hwn yn bodoli. Rydw i wedi bod mewn cariad sawl gwaith. Ond rydw i hefyd wedi diodde o drachwant.

Ces i fy mreuddwyd wlyb gyntaf ym mis Rhagfyr 1977 pan own i'n 13 oed wrth freuddwydio am un o'r merched yn y chweched dosbarth. Do, des i am y tro cynta. Treuliais weddill fy arddegau yn diodde. Rown i'n ysu am ryw ond yr agosa rown i'n cael dod ato fe oedd syllu ar dudalen 3 *The Sun* a wancio. Os rych chi'n methu wancio, rych chi'n methu ffycio.

A phlant? Down i erioed eisiau cael plant. Gwnes i'n siŵr fod fy nghyn-gariadon i gyd naill ai ar y bilsen neu rown i'n defnyddio condoms. Down i ddim am ddod â rhywun i mewn i'r byd fyddai'n gorfod diodde fel fi.

2

Trwy gydol fy arddegau down i ddim yn mynd allan i gymdeithasu – roedd popeth rown i ei angen gen i yn tŷ. Ar ôl parti yn 1981 gadawodd ffrind i Mam becyn o cigarettes ar y silff ben tân a dyna pryd dechreuodd fy mherthynas efo nhw. Rydw i wedi bod yn ysmygu ers hynny. Blwyddyn Lefel 'O' oedd hi ac roedd angen rhywbeth i ysgafnhau'r tensiwn.

3

Ces i 'ngeni 25 mlynedd ar ôl i'r Ail Ryfel Byd ddechrau – Medi'r trydydd 1964. Y peth cynta rwy'n ei gofio yw sefyll ar fy nhraed am y tro cynta a chwydu dros y lle.

4

Rown i'n fachgen bach eitha dedwydd tan i fi orfod mynd i'r ffycing ysgol. Ar fy ymweliad cynta gyda Mam roedd y plant yn eistedd mewn cylch yn canu. 'Nid canu yw hwnna Mam ond sgrechian,' dywedais. Roedd yn amlwg fod ar y plant eisiau bod adre. Y peth gorau am yr ysgol fabanod oedd cael dyddiau i ffwrdd yn sâl. Un dydd, a finne'n sâl yn y gwely, gofynnodd Mam i fi a own i angen rhywbeth. Atebais 'Cwrw'. Daeth hi â gwydred i fi. Rown i'n 4 blwydd oed ar y pryd, felly dechreuodd fy ngyrfa alcoholaidd yn gynnar. Ddysgais i ddim byd yn yr ysgol fabanod ar wahân i sut i gusanu merched.

5

Ac yna i'r ysgol gynradd. Roedd y profiad yn hollol i'r gwrthwyneb i'r gân 'Born Free'. Ond o leia roedd y prifathro yn neis a dysgais sut i chwarae'r gitâr. Rown i wastod mewn trwbwl ond fe wnaethon nhw fi'n brif fachgen yn fy mlwyddyn olaf. Y peth gorau am yr ysgol oedd y gwyliau haf. Byddai Dad yn cymryd pythefnos i ffwrdd o'r gwaith a mynd â fi i bysgota oddi ar y creigiau yn Mwnt. Mecryll. Byddwn i'n dal llond bag ac yna'n eu gwerthu am ddeg ceiniog yr un o gefn y car o gwmpas y stadau tai yn Aberteifi. Gyda'r arian byddai Dad yn mynd â fi am ddiod i'r Cliff Hotel yn Gwbert. Byddwn yn chwarae'r peiriant ffrwythau efo gweddill y pres.

Tua'r un adeg, uchafbwynt yr wythnos oedd ymweld â Mam-gu (mam fy Nhad) bob bore dydd Sul. Roedd yn well na mynd i'r eglwys neu'r capel. Byddwn i'n cael cymundeb – gwydred mawr o sherry iddi hi ac un i fi. Roedd gan Mam-gu bump bachgen ac un merch. Roedden nhw wedi casglu lot o recordiau 78

rpm a fe wnes i fwynhau gwrando arnyn nhw:
Elvis, Frankie Laine ac yn y blaen. Roedd Mam-
gu wastod yn rhoi pres i fi a gwm cnoi. Roedd
hi'n gweithio yn y caffi yn ffatri, Slimma i mewn
i'w chwechdegau gyda fy ewythr a fy mam.

Bu farw fy nhad-cu (tad Dad) pan own i'n
ifanc iawn. Roedd yn ffermwr ac yn ysmygwr.
Ar ochr arall y teulu rown i'n dod ymlaen yn
dda efo rhieni fy mam. Roedd Dat (tad Mam)
yn ysmygu pib ac yn yfed whisky, felly mae'n
rhedeg yn y teulu. Rown i'n hoff iawn o fy nain.
Bu'r ddau farw o fewn wythnos i'w gilydd yn yr
wythdegau.

6

Wedyn yr ysgol uwchradd yn Aberteifi – hunllef.
Ond roedd adegau pan own i'n mwynhau. Rown
i'n hoffi llenyddiaeth Saesneg a Chymraeg. Yn

Saesneg rown i'n astudio'r mawrion fel Dylan Thomas, Oscar Wilde a George Orwell. Roedd Gwynfi Jenkins – yr athro Cymraeg – yn grêt. Wnaethon ni ddim ysgrifennu gair trwy gydol Dosbarth Pedwar, jyst siarad. Uchafbwynt y flwyddyn oedd ymweliad y diweddar Dafydd Rowlands, a ddaeth i siarad â ni. Dywedais wrtho mai'r hyn roedd ei angen yng Nghymru oedd fersiwn Cymraeg o'r Sex Pistols. Flynyddoedd yn ddiweddarach roedd ei fab, Euros, yn curo'r drymiau i'r grŵp Datblygu.

Rown i'n dda mewn Ysgrythur a Hanes ond doedd y gwersi Daearyddiaeth ddim yn rhy dda. Rown i'n gorfod canolbwyntio ar yr holl stwff yna a'r hyn rown i eisiau ei wneud oedd cusanu rhai o'r merched yn y dosbarth. Rown i'n wael yn y gwersi Ffrangeg – roedd yr athrawes yn rhoi codiad i fi a rown i'n methu canolbwyntio.

Y peth wnes i fwynhau fwyaf am yr ysgol oedd perfformio operâu Gilbert and Sullivan. Rown i hefyd yn chwarae rygbi dros yr ysgol bob bore dydd Sadwrn – gwaith caled.

Yn 1980, o dan straen yr addysg, byrstiodd fy apendics i. Bant â fi i'r ysbyty yng Nghaerfyrddin mewn ambiwlans. Dihunais lan ar ôl y llawdriniaeth ac roedd yr holl nyrsys prydferth yno'n sefyll o 'mlaen i. Rown i'n credu 'mod wedi marw ac wedi mynd i'r nefoedd.

7

Gan fy mod i'n unig blentyn roedd yn rhaid i fi greu fy adloniant fy hunan. Un oedd Radio Gwelfryn lle rown i'n dychmygu bod yn D.J. ac yn chwarae fy nghasgliad recordiau a thapiau gan siarad â fi fy hunan. Yr un arall oedd *subbuteo* – rown i'n ffurfio cystadleuaeth rhwng rhannau gwahanol o'r tŷ a chwarae yn erbyn fy hunan.

Syrthiais i mewn cariad am y tro cynta yn yr ysgol uwchradd efo merch o'r enw Helen Champion. Roedd ganddi hi fronnau mawr ond doedd dim diddordeb ganddi hi yndda i.

Llwyddais i basio 9 Lefel O a 2 Lefel A – Hanes ac Economeg. Roedd y chweched dosbarth fel uffern – a dyna pam ffurfiodd fy ffrind, Wyn Davies a fi'r grŵp Datblygu yn 1982. Dros y blynyddoedd nesa rown i'n recordio casetiau a'u gwerthu. Aeth Dad â fi lan i Abertawe i brynu peiriant pedwar trac. Aeth hwnnw i mewn i fy ystafell wely a dyna lle byddai Wyn a fi'n arbrofi. Prynodd Dad organ i fi wedi i fi basio fy Lefelau 'O'. Prynodd Wyn synthesiser a pheiriant drymiau. A dyna pryd y dechreuon ni berfformio'n fyw. Ein gig cynta oedd yn Yr Angel yn Aberystwyth. Roedd y lle'n llawn a chawson ni ymateb da.

Roedd fy niddordeb mewn cerddoriaeth wedi datblygu dros y blynyddoedd. Fy anrheg Nadolig yn 1976 oedd albwm gan y Beatles o'u goreuon o 1967 i 1970 – roedd hwn yn ddylanwad mawr. Byddwn yn ei chwarae drosodd a throsodd.

Gwnaeth clywed The Fall ar John Peel yn 1980 newid fy mywyd i. Enw un cân oedd 'Container Drivers'. Rown wedi bod yn eistedd tu allan i'r lladd-dy lleol yn gwylio loriau yn dod â gwartheg i'w ffawd. Penderfynais stopio bwyta cig ac ar wahân i ambell bysgodyn neu ddarn o ffowlyn dydw i ddim wedi bwyta cig ers 1980.

Uchafbwynt bob dydd o'r wythnos oedd tiwnio i mewn i raglen John Peel ar Radio Un wrth wneud fy ngwaith cartref. Rwy'n cofio gorwedd ar fy ngwely unig un noson pan chwaraeodd John Peel gang o ferched yn canu, 'Whisky makes me frisky, gin makes me sin, brandy makes me randy and rum makes me come'. Rown i'n ysu am gyfarfod â'r math yna o ferched yn hytrach nag eistedd mewn dosbarthiadau boring yn yr ysgol. A dyna reswm arall pam y ffurfiais i Datblygu. Down i ddim eisiau gwneud lot o arian – yr uchelgais oedd art, rhyw, drygs ac alcohol.

8

Roedd 1983 yn allweddol. Blwyddyn Lefel A a blwyddyn gadael yr ysgol o'r diwedd er mwyn mynd i Politechnig Cymru ger Pontypridd. Yn y flwyddyn honno gwnes i gyfarfod â'r Anhrefn am y tro cynta – Rhys Mwyn a Sion Sebon. Yn 1983 roedd Datblygu wedi rhyddhau dau gasét – *Amheuon Corfforol* a *Trosglwyddo'r Gwirionedd*. Casetiau roedd yr Anhrefn wedi bod yn gweithio arnyn nhw hefyd. Ond wrth i ni gwrdd penderfynon ni mai'r cam nesa ymlaen fyddai rhyddhau sengl ar y cyd. Ond wrth i fandiau eraill fel Tynal Tywyll, Y Cyrff ac Elfyn Presli ffurfio datblygodd y syniad o greu sengl i un i greu albwm amlgyfrannog. Roedd Malcolm Gwyon ac Ail Symudiad wedi bod yn help mawr o'r cychwyn cynta ond wrth gwrdd â Rhys a Sion roedd yn dda cael rhywun y tu allan i'r ardal yn cymryd diddordeb ynon ni. Aethon ni ymlaen i ryddhau'r albwms amlgyfrannog *Cam o'r Tywyllwch* a *Gadael yr Ugeinfed Ganrif*, yr E.P. *Hwgrgrawthog* ac albwm cyntaf Datblygu, *Wyau* yn 1988.

9

Yn 1983 symudais i fyw i Bontypridd. Yno cymrais marijuana am y tro cynta. Roedd gen i ddau ffrind da o Loegr yn y Coleg a fyddai'n cymryd pob math o gyffuriau gan gynnwys heroin. Roedd y cwrs mewn Dyniaethau yn un anodd ond doedd hi ddim fel bod yn yr ysgol. Byddwn yn mynd i'r Undeb a chael vodka am bris rhad iawn. Hefyd amser cinio yn y cantîn roedd cwrw ar werth gyda'r bwyd. Rown i'n 'cadwyn ysmygu' rhwng y darlithoedd efo fy ffrind annwyl Gordon Evans. Yn y dyddiau hynny byddai myfyrwyr yn derbyn grant. Rydw i'n credu y dylai myfyrwyr ddal i gael grantiau. Mae'n warthus o beth bod myfyrwyr yn gadael y coleg a'u bod nhw filoedd mewn dyled.

Doedd dim gair o Gymraeg ar y cwrs ac rown i'n credu bod hynny'n warthus. Fy hoff bwnc oedd Ysgrifennu Creadigol dan hyfforddiant y bardd Tony Curtis. Byddai'r myfyrwyr yn ysgrifennu cerddi a byddai eu cyd-fyfyrwyr yn eu beirniadu. Dydd Iau oedd y diwrnod gorau yn ystod y flwyddyn gynta – Ysgrifennu Creadigol oedd yr unig ddarlith – dwy awr am ddau yn y prynhawn.

Yn yr ail flwyddyn cymerais Hanes, Seicoleg, Athroniaeth ac Ysgrifennu Poblogaidd. Ysgrifennu Poblogaidd oedd y gorau – pentwr o lyfrau modern i'w darllen a hefyd cael y cyfle i greu.

Yn y trydydd flwyddyn astudiais Hanes Cymru. Roedd y pwnc yn ddiddorol. Ces i radd 2:2 yn 1986. Ar ddiwedd 1983 cwrddais â rhywun a wnaeth newid fy mywyd yn gyfan gwbl. Hi oedd Patricia Morgan. Roeddwn i a Wyn newydd wneud gig ym Mlaendyffryn ac yn cario ein hofferynnau i'r car. Daeth Pat ymlaen aton ni a dweud ei bod wedi mwynhau'r perfformiad. Rydw i'n credu mai hi oedd yr unig un yn y dorf o rai cannoedd a wnaeth ein gwerthfawrogi.

Dechreuodd Pat a fi ysgrifennu at ein gilydd a datblygodd ein perthynas. Ymunodd hi â Datblygu yn 1984 wedi i Wyn a fi recordio'r casét *Fi Du*. Chwaraeodd hi'r gitâr fas ar y casét *Caneuon Serch i Bobl Serchog* yn haf 1984. Ychydig fisoedd wedi hyn ces i ryw am y tro cynta gyda Pat. Mae fy mherthynas gyda hi wedi parhau am dros chwarter canrif – rhyw fath o 'wrth-Priodas Arian'. Rown i'n dod ymlaen yn dda gyda'i theulu – yn enwedig gyda'i chwiorydd Linda a Victoria a'u gwŷr. Pat ddechreuodd fi ar y whisky o ddifri. Roedd hi'n hoff o Cutty Sark. Wrth gwrs roedd yn rhaid i mi ei brofi. Mae Pat yn fferyllydd ac yn gerddor gwych. Pan fydd hi'n cael cariad newydd dydw i ddim yn teimlo cenfigen – rydw i yn hapus drosti. Dechreuodd ein perthynas yn llawn angerdd ond ers 1988 ni jyst wedi bod yn ffrindiau agos. Fi adawodd hi. Roedd cyd-fyw gyda hi wedi pedair mlynedd ddim yn gweithio ond rown i'n dal eisiau iddi hi fod yn aelod o'r band.

Gyda'n gilydd, fe aethon ni i lawer o gigs yn yr wythdegau gan gynnwys The Fall, New Order, The Smiths, John Cooper Clarke a James. Yn yr wythdegau recordion ni lawer a pherfformio'n fyw dros Gymru a Lloegr. Mae llawer o'r gigs yn gofiadwy – o chwarae i bedwar person (Y Cyrff) yn Dinas Mawddwy i chwarae i gannoedd yn Lloegr mewn lleoedd fel Harlow a Llundain. Roedd un gig gofiadwy iawn ynghanol y degawd – yn Leeds. Roedd y sét yn mynd yn ei flaen ac rown i'n cael ymateb digon derbyniol. Yna chwaraeon ni 'Casserole efeilliaid'. Rown i wedi perfformio'r gân ar y rhaglen deledu *The Tube* a gwnaeth y dorf ymateb yn wych i'r gân. Dywedais wrth y dorf 'You certainly didn't deserve the Yorkshire Ripper'. Aeth popeth yn dawel. Nes ymlaen gofynnais i drefnydd y noson pam bod pawb wedi mynd yn dawel. Atebodd – oherwydd bod un o'r merched roedd y Yorkshire Ripper wedi ei lladd wedi cael ei llofruddio y tu allan i'r lle rown i'n chwarae.

Ynghanol yr wythdegau aeth Pat a fi i Ffrainc i aros gyda'i theulu mewn *chateau*. Treuliais yr amser yn yfed cwrw a gwin a chwarae tennis. Ar wahân i daith undydd i'r Iwerddon gyda'r Urdd yn 1978 dyna'r unig dro rydw i wedi bod dramor. Roedd yn agoriad llygad cerdded i mewn i gaffi y peth cynta yn y bore er mwyn cael paned o goffi a gweld hen ddynion wrth y byrddau yn yfed brandy. Dydw i ddim wedi bod mewn gwlad dramor ers hynny. Rydw i'n casáu teithio – creadur fy milltir sgwâr yn Aberteifi rydw i wedi bod ers 1996.

Pat sy'n gyfrifol am lawer o sŵn Datblygu – mae'n chwarae'r gitâr, y gitâr fas, yr organ a'r piano.

10

Erbyn canol yr wythdegau, ar ôl gadael y coleg, roedd yn rhaid i mi ddiodde bod yn rhan o fyd gwaith am y tro cynta. Y swydd gynta i mi ei chael am £40 yr wythnos yn 1986 oedd gwerthu petrol mewn garej yn Bwlch, ger Aberhonddu. Wrth edrych yn ôl – er bod y cyflog yn isel – hon oedd fy hoff swydd. Roedd y radio ymlaen trwy'r dydd ac rown i'n gallu ysmygu cigarettes a chael ambell botelaid o gwrw. Doedd dim llawer o gwsmeriaid, ond byddwn i'n gorfod mynd allan a llenwi'r ceir efo petrol.

Rown i'n teithio'r pedair milltir o'r bwthyn yn Llangors, lle roedd Pat a fi yn cyd-fyw, ar gefn beic. Adeg y Nadolig, rhoddodd perchennog y garej botelaid o win i fi a siocledi i mi eu rhoi i Pat. Pan fyddai pethau'n dawel yn y gwaith rown i'n cael y cyfle i ysgrifennu. Ar ôl diwrnod o waith byddwn i'n neidio ar gefn fy meic a theithio'r pedair milltir yn ôl i Langors. Yno, yn fy nisgwyl, byddai Pat efo pryd o fwyd ac alcohol. Roedd dihuno'n gynnar yn y bore yn y gaeaf yn galed, achos rown i'n gorfod bod yn y garej am hanner awr wedi wyth. Daeth y swydd i ben pan fuodd rhaid i'r garej gau lawr a finne'n teimlo'n drist, wrth fod allan o waith.

Wedi rhai misoedd heb waith ffeindiais swydd gyda'r Bwrdd Croeso yn Aberhonddu. Yma eto roedd y cyflog yn isel, y gwaith yn galed a'r cwsmeriaid yn ddiddiwedd. Bydden nhw'n gofyn cwestiynau fel, 'Ble mae'r toiledau agosa?' a 'Alla i gael newid i dalu am y maes parcio?' Roedd llawer o'r gwaith yn cynnwys gwerthu mapiau a bwcio lle i'r cwsmeriaid mewn llefydd gwely a brecwast. Dydd Sul oedd y dydd caleta. Ar y dydd hwnnw byddai'n rhaid cymryd stoc o'r holl bethau byddwn i wedi eu gwerthu yn ystod yr wythnos cynt.

Byddwn i'n gadael Llangors ar y bws am chwarter i naw yn y bore. Doedd y swyddfa ddim yn agor tan ddeg. Erbyn i mi gyrraedd Aberhonddu roedd gen i awr i fy hunan. Byddwn yn mynd i'r archfarchnad a phrynu potelaid o sherry, mynd yn ôl i'r swyddfa, yfed a smygu, darllen ac ysgrifennu cyn wynebu'r dydd. Rown i'n dod ymlaen yn dda gyda fy nghyd-weithwyr – rown i yn yr un uffern â nhw. Roedd y swyddfa ond ar agor yn nhymor yr haf ac roedd y caban yn boeth iawn. Yn ystod fy awr ginio byddwn yn mynd i un o'r tafarndai yn y dre a chael cwrw a rhywbeth i'w fwyta.

Roedd y caban ger y farchnad yn Aberhonddu ac yno gwelais anifeiliaid yn cael eu harteithio. Ble roedd yr R.S.P.C.A.? Wedi diwrnod caled o waith – am chwech o'r gloch byddwn i'n neidio ar y bws a theithio yn ôl at Pat yn Llangors. Yno byddwn yn cael pryd o fwyd ac yna, naill ai gyda Pat, neu yn fwy rheolaidd ar fy mhen fy hunan byddwn yn mynychu un o'r ddau dafarn yn y pentref: y Red Lion neu'r Castle. Yn y Red Lion roedd yna beiriant cwestiynau oedd yn talu arian. Rown i wedi dysgu'r holl atebion. Byddwn i'n aros i'r twristiaid lenwi'r peiriant efo pres ac yna byddwn i'n cael 'go' ac yn ennill deg punt bob tro. Rown i'n gwario'r pres ar gwrw. Wedi cael llond bol o gwrw byddwn yn mynd yn ôl at Pat.

//

Roedd y gwaith yn y Bwrdd Croeso ond yn dymhorol ac rown i am gael swydd barhaol. Felly yn 1987 ces i swydd gyda'r Awdurdod Iechyd ym Mronllys fel Clerical Officer yn yr Adran Ariannol. Unwaith eto yma roedd y gwaith yn galed a'r cyflog yn isel ond roedd fy nghyd-weithwyr yn ddigon dymunol. Swydd dros dro oedd hon a bob bore byddai'n rhaid clocio i mewn a bob nos clocio mas. Yn y swydd y peth cynta i wneud oedd agor yr holl lythyrau a fyddai'n dod i'r Adran. Rhaid oedd stampio pob darn o bapur efo'r dyddiad a byddai'r dasg i gyd yn cymryd dros awr. Yna byddwn yn dosbarthu'r papurau i'r gwahanol swyddfeydd.

Rown i'n gweithio yn ystod gweddill y diwrnod naill ai yn Accounts neu Salaries and Wages. Bob rhyw ddwyawr byddwn yn mynd i'r toiled i ysmygu cigarette. Roedd y gwaith yn cynnwys llawer iawn o ysgrifennu, talu costau teithio'r doctoriaid a'r nyrsys ar bapur neu ar y cyfrifiadur. Dyma lle y dechreuodd fy nghasineb tuag at gyfrifiaduron dyfu. Rown i'n diodde pennau tost – sôn am Awdurdod Iechyd. Ond y dasg waethaf oedd y ffeilio di-ddiwedd. Roedd Pat yn gweithio yn yr ysbyty gyfagos a bydden ni'n cwrdd â'n gilydd ar ddiwedd y dydd cyn teithio yn ôl i Langors.

Ar ddydd Gwener byddai tri chyd-weithiwr a minnau'n mynd i westy yn Nhalgarth er mwyn cael cinio a chwrw. Dyna oedd uchafbwynt yr wythnos. Rown i'n cael ugain dydd i ffwrdd am wyliau bob blwyddyn, a byddwn yn gwario fy rhai i drwy gymryd hanner diwrnod a mynd i Aberhonddu ar y bws er mwyn yfed cwrw a betio ar geffylau. Un amser cinio gwelais Gordon Went, un o fy nghyd-weithwyr yn darllen llyfr. Gofynnais iddo beth oedd e. Dangosodd e i fi a dechreuais ddarllen. Y llyfr oedd *Factotum* gan Charles Bukowski. Rown i'n methu ei roi i lawr. O'r diwedd dyma lyfr rown i'n gallu uniaethu efo fe. Wedi hynny rydw i wedi darllen llawer o'i lyfrau.

Roedd Nadolig yn y swyddfa yn amser da, gan eu bod nhw'n gadael i ni ddod â photeli o win i mewn a gadael i ni eu hyfed nhw wrth weithio. Hefyd byddai pennaeth yr adran yn prynu cinio Nadolig i'r holl weithwyr mewn gwesty crand yn Aberhonddu.

12

Yn 1988 gwnaeth Pat a finnau orffen cyd-fyw yn Llangors. Symudais i mewn i'r cartref nyrsys yn yr ysbyty ym Mronllys. Roedd hyn yn gyfleus iawn i'r gwaith. Bob amser cinio byddwn i'n mynd i fy ystafell, yn gwrando ar y radio, ac yn yfed gwin a chael rhywbeth i'w fwyta.

Erbyn nawr roedd record hir gyntaf Datblygu, *Wyau*, allan. Roedd John Peel yn ei chwarae ar y radio yn aml. Rown wedi cwrdd â John mewn cyngerdd i'r Blaid Lafur yn Aberhonddu yn 1986. Gofynnais iddo pam roedd e wedi teithio'r holl ffordd er mwyn ein gweld. Atebodd: Euogrwydd. Yn 1987 cawsom wahoddiad ganddo i recordio ein sesiwn gynta o bum sesiwn i'w raglen ym Maida Vale yn Llundain. Roedd stiwdios Maida Vale yn anhygoel – cyfleusterau modern ond mewn adeilad sy'n edrych fel amgueddfa. Rown i'n hapus iawn gyda'r sesiwn, a chwaraeodd John y caneuon sawl gwaith ar ei sioe.

Rown wedi recordio *Wyau* ar Ynys Môn gyda Gorwel Owen – gŵr ffantastig a chynhyrchydd arbennig. Pigodd John Peel, *Wyau* fel un o'i ddeg hoff record gyfoes yn y *NME* Roedd clywed Datblygu ar Radio One yn antidôt perffaith i'r uffern rown i'n gorfod ei ddiodde yn y swyddfa bob dydd. Yn 1988 gwnaeth Datblygu ei hail sesiwn i John Peel.

Roedd byw yn y cartref nyrsys yn brofiad. Er bod y rhent yn isel, roedd wastod digon o ddŵr poeth er mwyn cael bath. Cusanais ambell i nyrs ond ni chefais ryw yno. Byddwn i'n mynd sawl noson yr wythnos gyda'r nyrsys i'r dafarn lleol. Un nos Wener digwyddodd rhywbeth erchyll i mi. Gwelais un o'r cwsmeriaid yn cerdded tuag ata i. Gofynnais iddo a oedd wedi meddwi. Yn hytrach nag ateb bwrodd e fi yn fy ngwefus sawl gwaith – roedd e'n gwisgo modrwy a gwnaeth hynny'r clwyf yn waeth. Bant â fi i'r ysbyty yn Aberhonddu lle cefais saith pwyth ynddo. Yna, es i yn ôl i'r dafarn i orffen fy niod.

Erbyn hyn roedd Mam a Dad wedi prynu car i mi, Yugo. Does gen i ddim diddordeb mewn ceir, dim ond cyn belled â'u bod yn mynd â fi o A i B. Bob dydd Sadwrn byddwn yn gyrru o Fronllys i Aberhonddu er mwyn cael betio ar y ceffylau. Ambell waith byddwn yn gwneud digon o arian er mwyn cael meddwi. Erbyn hyn rown i'n yfed hyd at botelaid o whisky bob dydd.

Symudodd Pat o Langors i'r Gelli. Helpais hi

i symud a dyna lle cefais i ryw gyda hi am y tro
ola. Bellach roedd fy iselder ysbryd yn ofnadwy
a'r unig beth a godai fy ysbryd oedd y ddiod. Yn
y cartref nyrsys dechreuais weithio ar yr hyn a
fyddai'n mynd i fod yn ail albwm gan Datblygu
sef *Pyst*. Rown i mewn cornel a'r unig ffordd o
ddianc oedd ysgrifennu.

13

Rown i wastod wedi bod yn berson eitha
gwleidyddol. Yn ystod streic y glowyr ynghanol
yr wythdegau rown i ar ochr y glowyr ac yn
casglu arian ar eu cyfer ar gampws y Polytechnig
ym Mhontypridd. Ond wrth edrych yn ôl rwy'n
falch fod y pyllau glo wedi cau. Mae rhai'n dweud
nad ydy gwaith caled wedi lladd neb – wel mae e
wedi lladd digon o lowyr a digon o weithwyr yn
gyffredinol. Ac roedd y swydd yn yr Awdurdod

Iechyd yn fy lladd i hefyd, felly yn 1988 gwnaeth fy ffrind, Gordon Evans fy mherswadio i geisio ymuno â chwrs i gael fy hyfforddi i fod yn athro ym Mhrifysgol Aberystwyth. Ces i gyfweliad a chefais fy nerbyn ar y cwrs fyddai'n cychwyn yn nhymor yr hydref, 1989. Tan hynny roedd yn rhaid diodde'r ffeilio a'r swyddfa.

I wneud pethau'n well dyfeisiodd Gordon Evans a minnau gêm – Rasio Enwogion. Byddai ef a minnau'n dewis dau 'geffyl' yr un ac ysgrifennu atynt i ofyn am ffotograff wedi ei lofnodi. Yr un fyddai'n derbyn ateb yn gynta fyddai'n ennill y ras. Aeth hyn ymlaen am amser hir ac mae gan Gordon lond albwm o luniau. (Byddwn i wastod yn gofyn i'r enwogion am ddau lun). Rown i wastod wedi cymryd diddordeb mewn enwogion ers i mi gwrdd â Max Boyce yn nechrau'r 1970au. Roedd yn perfformio mewn cyngerdd yng ngwesty fy modryb ac ewythr – Carol a Kris Kolczak. Dyw enwogion heddiw – y celebs modern – ddim yn cael yr un effaith arna i.

Daeth fy nyddiau yn yr Awdurdod Iechyd i ben ym mis Awst, 1989. Cefais anrhegion gan fy nghyd-weithwyr a cherdyn wedi ei lofnodi. Teitl y cerdyn oedd 'The Works Escape (Committee) wishes to congratulate its most successful member'. Cerddais allan o'r swyddfa am y tro ola'n teimlo'n hapus. Es i lawr i'r cartref nyrsys, rhoi fy nillad a fy radio yng nghefn y car a ffarwelio ar gyfnod caled yn fy mywyd. Gyrrais lawr i Aberdâr i aros gyda Gordon Evans.

14

Cyn ymuno â'r cwrs Ymarfer Dysgu yn Aberystwyth roedd yn rhaid gwneud cyfnod byr mewn ysgol gynradd. Es i i'r Gelli ac aros gyda Pat. Yna, yn ôl i Aberteifi i weld Mam a Dad, ac yn y cyfnod yna pan oedd wal Berlin yn cael ei dymchwel, symudais i fyw mewn ystafell yn Aberystwyth. Roedd y cwrs hyfforddi athrawon yn galed ond o leia rown i'n derbyn grant. Roedd traethawd ar ôl traethawd i'w gwneud, darlith ar ôl darlith i fynd iddyn nhw. Rown i'n treulio llawer noson yn Y Cŵps ac roedd wynebu'r darlithoedd ar ôl noson felly ddim yn bleserus iawn. Yn Y Cŵps gwnes i gyfarfod â sawl cymeriad lliwgar – fel Rhian 'Sgarff' Davies, Alun Llwyd, Branwen Niclas, Lyn Ebenezer a fy ffrind annwyl Daniel Davies. Roedd yr yfed yn cynyddu gyda'r holl waith. Nawr, rown i ar y vodka. Byddwn yn ei yfed yn Y Cŵps ac yn fy ystafell wrth ysgrifennu traethodau'n ddi-ddiwedd.

Hanes oedd fy mhwnc ac rown i'n dychmygu mai rôl athro Hanes (fel yn fy nyddiau ysgol i) fyddai arddweud nodiadau. Ond sylweddolais yn gynnar fod pethau wedi newid – cyfrifiaduron, gwaith grŵp ac yn y blaen. Nid oedd hyn yn fy mhlesio o gwbl.

Rown i hefyd yn gweithio ar *Pyst*, a dechreuon ni ei recordio yn Ynys Môn gyda Gorwel Owen. Yn Nhachwedd 1989 es i'r ddawns rhyngolegol – nid i ddawnsio ond i wylio'r grwpiau oedd yn cynnwys un o fy ffefrynau – Y Gwefrau. Yno, gwnes i gyfarfod â Rhian 'Sgarff' Davies am y tro cynta. Roedd hi wrth y drws yn derbyn yr arian mynediad a gwnaeth hi afael yn fy llaw. Ryn ni wedi bod yn ffrindiau ers hynny. Aeth y tymor yn ei flaen ac rown i'n treulio pob awr sbâr yn y bwcis. Daeth y tymor i ben. Gwyliau Nadolig. Symudais yn ôl i Aberteifi at Mam a Dad. Yn ogystal â Bob y ci a hwnnw erbyn hynny yn ei henaint roedd yna gath fach – un strae roedd Mam wedi dod o hyd iddi yn yr ardd ac wedi dechrau ei bwydo. Wrth i mi ysgrifennu hyn mae'n werth dweud ei bod hi'n dal yn fyw ac yn ugain oed erbyn hyn. Rydw i wedi dysgu llawer gan y gath – sut i ymlacio a sut i fwyta, yfed a chysgu.

Rown i eisiau hyfforddi i fod yn athro yn benna am yr arian a'r gwyliau ac yn ail i weld a oedd yr ysgolion wedi gwella ers fy nyddiau i. Roedden nhw wedi gwaethygu. Ar ôl Nadolig 1989 roedd yn rhaid gwneud ymarfer dysgu. Es i Ysgol y Preseli yn sir Benfro a chasáu bron pob eiliad o'r profiad. Roedd yn rhaid cynllunio pob gwers yn ofalus ac roedd hyn yn fwrn. Ar y diwrnod cynta dywedodd y prifathro wrtha i am wisgo tei: rhywbeth rwy'n casáu ei wneud – mae hi fel rhaff o gwmpas y gwddf. Y peth gorau am yr ysgol oedd bod yna gornel ysmygu yn ystafell yr athrawon. Byddwn i'n teithio o Grymych i Aberteifi bob nos at Mam, Dad, a pharatoi gwaith y dydd canlynol yng nghwmni'r vodka ac, wrth gwrs, rhaglen John Peel.

Y peth gwaetha am Aberteifi yn 1990 oedd nad oeddech yn gallu prynu alcohol yno ar ddydd Sul – jyst pryd roedd ei angen. Rown i'n gorfod teithio dros yr afon i Landudoch i ymofyn fy vodka.

Uchafbwynt fy amser yn Ysgol y Preseli oedd dysgu'r chweched dosbarth a chyfarfod â Rheinallt ap Gwynedd aeth ymlaen i chwarae'r gitâr fas i Datblygu yn y nawdegau. Dywedais wrth y myfyrwyr mewn un wers, 'Wel beth rydych chi'n meddwl?' Atebodd Rheinallt mai dyna'r tro cynta yn yr ysgol i athro ofyn y cwestiwn yna iddyn nhw. Dywedodd e hefyd ei fod e'n ffan o fy ngherddoriaeth. Daeth y tymor i ben ac ar fy nydd olaf siglodd y prifathro fy llaw a dymuno bob bendith i mi. Yna treuliais wyliau'r Pasg yn Aberteifi cyn dychwelyd i Aberystwyth am y tymor olaf – mwy o draethodau, mwy o ddarlithoedd ac wrth gwrs mwy o yfed. Rown i'n dod yn ffrindiau agos 'da Daniel Davies ac ar ôl i ni gael ein banio o'r Cŵps symudon ni i yfed yn yr Hen Lew Du. Yn ystod y cyfnod yma bu farw Bob y ci. Roedd Dad mor isel yfodd e botelaid o whisky. Roedd Bob yn un deg saith. Maen nhw'n dweud fod rhieni yn cael anifeiliaid anwes i'w plant er mwyn eu dysgu am ryw a marwolaeth, ac mae hynny'n wir.

Aeth y tymor yn ei flaen ac ar ei ddiwedd eisteddais fy arholiad ola. Rown i wedi gweithio'n galed a ffeindiais yr arholiad yn hawdd. Erbyn diwedd y tymor rown wedi pasio'r cwrs ac yn gymwys i fod yn athro Hanes. Gadawais Aberystwyth a symud yn ôl at fy rhieni i chwilio am waith. Ces i gwpwl o gyfweliadau gan gynnwys un hynod o uffernol yn y gwres yn y Rhondda. Ni chefais y swydd felly penderfynais geisio fy lwc mewn meysydd eraill. Ceisiais am swydd yn y ffatri ddillad lleol. Dim lwc. Ac yna gyda chwmni yswiriant – dywedodd y rheolwr nad oedd yn gallu rhoi'r swydd i mi oherwydd y man y byddai swydd dysgu yn dod yn rhydd byddwn yn gadael.

Cyn gadael Aberystwyth rown i wedi bod yn gweld merch o'r enw Rhian 'Del'. Hi oedd yn mynd i fod yn ail gariad i fi. Roedd hi'n dod o Abergele a thrwy'r cyfnod hwn roedden ni'n ysgrifennu llythyron at ein gilydd.

Ces i swydd am un noson fel gyrrwr tacsi. Doedd y ceir ddim yn gweithio'n iawn ac ar ôl noson galed o waith ces i £5 o gyflog. Es i yn ôl i'r tŷ a dywedodd Dad, 'Ti byth yn mynd i wneud y gwaith 'na 'to'.

Trwy'r haf byddwn i'n teithio i fyny i Abergele i aros gyda Rhian a'i theulu a byddai hi'n dod lawr i Aberteifi. Hefyd roedd y sesiynau ar gyfer *Pyst* wedi cael eu cwblhau. Rown i'n hapus iawn efo'r albwm. Ond rown i methu cael swydd fel athro tan i mi ysgrifennu llythyr at *The Times Education Supplement*. Rown i'n cwyno fod y llywodraeth yn rhoi grantiau i fyfyrwyr ac nad oedd swyddi iddyn nhw ar ôl cwblhau eu cyrsiau. Ces i alwad ffôn o Lanfair Caereinion. Roedden nhw am gynnig swydd i fi fel athro Cymraeg a Drama. Derbyniais – rown i fod cychwyn ynghanol mis Medi 1990.

15

Cyn dechrau'r swydd roedd Datblygu wedi derbyn gwahoddiad i recordio rhaglen hanner awr i *Fideo Naw* ar S4C. Roedden ni wedi ymddangos yn achlysurol ar S4C trwy'r wythdegau ond dyma'r tro cynta i ni gael rhaglen i gyd i ni ein hunain. Ffilm gan Marc Evans oedd *ABCDatblygu*. Roedd yn cynnwys ein hoff pethau yn ogystal â phedwar fideo o ganeuon o'r albwm *Pyst*. Gwnes i fwynhau gwneud y ffilm a rown i'n hapus iawn gyda'r canlyniadau. Treuliais yr amser recordio yn yfed whisky a smygu cigarettes. Gwnaeth Marc Evans job ardderchog.

16

Rown i'n mynd i newid yr Yugo am Ford Sierra nes ymlaen yn y flwyddyn. Bant â fi yn yr hen Yugo i Lanfair Caereinion lle rhentais fflat ynghanol y dref. Y swydd hon oedd y swydd gynta i mi ei chael oedd yn talu'n dda. Ond roedd y swydd yn hunllef ac unwaith eto rown i'n troi at y botel am ychydig o gysur. Roedd gwynebu'r holl blant yna pob dydd a finne'n diodde o hangofyr ddim yn brofiad pleserus. Roedd dysgu Cymraeg i blant di-Gymraeg yn waith caled – rown i'n haeddu fy nghyflog.

Ond roedd dysgu gwersi drama rhaid cyfadde yn ychydig o ryddhad. Yn ogystal â'r pethau arferol yr ydych yn ei gysylltu gyda gwersi drama rown i'n cael y plant i adolygu rhaglenni teledu, ysgrifennu dramâu eu hunain a rown i hefyd yn cael y plant i ddod â thapiau i mewn er mwyn i ni gael chwarae *Juke Box Jury*. Wrth gwrs, roedd hwn yn gyfle gwych i mi gyflwyno fy hoff grŵp i'r plant – The Fall. Byddwn i'n treulio amser chwarae ac amser cinio yn y car yn 'cadwyn ysmygu' ac yn gwrando ar gerddoriaeth – down i ddim yn hoff o'r ystafell athrawon.

Roedd Rhian a fi'n cael perthynas rywiol erbyn hyn. Roedd hi'n fyfyriwr blwyddyn olaf yn astudio Hanes yn y Brifysgol yn Aberystwyth ac rown i eisiau ei helpu i ennill gradd. Bron bob penwythnos byddai'n teithio ar y trên o Aberystwyth i'r Trallwng a byddwn i'n ei phigo hi lan yn yr orsaf. Ambell waith byddwn i'n teithio i'w gweld hi yn ei hystafell yn Neuadd Pantycelyn. Pan oedd Rhian yn cyrraedd y Trallwng byddwn yn mynd yn syth i'r archfarchnad er mwyn prynu diodydd. Roedd hi'n yfed Bacardi a fi'n yfed vodka a chwrw. Byddem yn smygu ein cigarettes, anwybyddu'r teledu a chael lot o ryw ar lawr y lolfa neu yn fy ngwely dwbwl.

Uchafbwynt ein perthynas, yn fy marn i, oedd teithio i Went i wylio'r 'Welsh Grand National' cyn Nadolig 1990. Roedd Bonanza Boy yn rhedeg – un o fy hoff geffylau – roedd e wedi ennill y ras ddwy flynedd ynghynt ac rown am ei weld yn y cnawd. Ar y daith o Lanfair Caereinion i Gwent rown i'n yfed brandy a darllen *The Sporting Life* a Rhian oedd yn gyrru. Cefais dip yn y papur ar un o'r rasys cynta – ceffyl o'r enw Upton Park. Roedd e'n 16–1. Rhoddais £5 arno. Gwnaeth e ennill a ches i £75 yn ôl. Yn anffodus collodd Bonanza Boy y ras fawr – rwy'n credu mai fe oedd yr ola ond daeth yn ôl yn saff. Roedd arian Upton Park yn golygu 'mod i'n gallu prynu swper a diod i Rhian ar y ffordd adref i Lanfair Caereinion. Cawsom ddiwrnod ardderchog.

Treuliais Nadolig 1990 yn Aberteifi efo fy rhieni cyn mynd yn ôl i Lanfair Caereinion i'r fflat a threulio'r amser gyda Rhian. Erbyn hyn roedd yr albwm *Pyst* allan. Wrth ffonio Mam un diwrnod dywedodd hi fod ei ffrind wedi clywed cân oddi ar yr albwm ar y World Service. Un nos Sul rown i'n paratoi gwersi ac wedi tiwnio i mewn i Radio One. Daeth John Peel arno ac ar ddechrau ei raglen chwaraeodd e dair cân gynta oddi ar *Pyst* – un ar ôl y llall. Dywedodd e, 'If you've never bought a Welsh language record in your life, buy this one'. Roedd y record wedi cael sêl bendith D.J. mwyaf dylanwadol y wlad a dyma fi'n meddwl beth ddiawl o'n i'n ei wneud yn dysgu plant.

Cefais fy nhroi allan o'r fflat a ffeindio ystafell oer mewn fflat gyda dau ddyn arall yn y Trallwng. Doedd dim dodrefn jyst fy matras i ar y llawr, hen gwpwrdd a fy set radio. Ond roedd y rhent yn isel iawn ac o leia roedd gen i do uwch fy mhen a rhywle i yfed. Gynt yn Ionawr 1991 recordiodd Datblygu ein trydydd sesiwn i John Peel. Pan aeth y sesiwn allan roedd John ar y ffôn. Gyda phob sesiwn rown i'n rhoi crynodeb mewn Saesneg iddo er mwyn iddo eu darllen ar yr awyr. Hon oedd sesiwn olaf Wyn i'r grŵp, ac yn ara deg gwnaeth ei gyfraniad edwino yn ddim.

Tua'r un adeg ces i lythyr gan ŵr o Gaeredin o'r enw Benedict – roedd yn ffan mawr ac rydyn ni'n dal i ysgrifennu at ein gilydd. Mae e'n briod nawr ac yn byw yn Llundain. Fel John Peel, nid yw'n gallu siarad Cymraeg.

Yn ystod gwanwyn 1991 roedd y sefyllfa yn yr ysgol yn mynd o ddrwg i waeth. Es i at y meddyg – dywedodd e fy mod yn diodde o 'stress related disorder'. Rhoddodd e dabledi cysgu i fi a mis i ffwrdd o'r gwaith. Tua'r un adeg teithiodd fy ffrind Daniel Davies o Aberystwyth i'r Trallwng i ymweld â fi. Roedd y ddau ohonon ni'n cael peint mewn tafarn yn y dre pan ddechreuodd rhyw foi fygwth Danny a'i daro dair gwaith. Ffeindiais allan 'mhen tipyn ei fod wedi ei daro am ei fod e'n credu mai Saeson oedden ni.

Yn ôl yn fy ystafell ar ôl cael bath twym roedd gen i botelaid o vodka hanner llawn. Edrychais arni cyn ei harllwys i lawr y sinc. Rown i wedi colli llawer o bwysau – dim ond deg stôn oeddwn i. Dywedodd Danny y dylswn fwyta ac yfed ychydig o win fel y Groegiaid. Nes ymlaen, teithiodd Rhian a fi i'r Amwythig lle prynais sawl llyfr gan Charles Bukowski a bocseidaid o win. Rown i'n diodde rhyw fath o *nervous breakdown*. Roedd Rhian eisiau priodi ond roeddwn i'n methu wynebu'r straen rhwng popeth. Dywedais wrthi fy mod eisiau dod â'n perthynas i ben.

17

Wedi mis i ffwrdd o'r gwaith rown i'n teimlo dipyn yn well. Gwisgais grys-t efo 'Skateboard Rebels' arno. Dywedodd y prifathro wrtha i am wisgo crys a thei. Yn y cyfnod hwn o'r tymor roedd yn rhaid i mi arolygu arholiadau. Nid oedd gweld plant yn diodde yn gwneud fawr o les i fy iechyd. Yna, gan mai ond cytundeb blwyddyn oedd gen i, roedd yn rhaid i mi gael cyfweliad ar gyfer fy swydd fy hunan. Ches i ddim o'r swydd.

Un prynhawn dechreuais sgwrsio gydag athro cyflenwi. Dywedodd e wrtha i am ffeindio fy ffrindiau, smygu canabis ac yfed cwrw. Roedd y dyn yn edrych yn iach − yn iachach na'r athrawon eraill.

Cyn diwedd tymor yr haf chwaraeodd Datblygu yng Ngŵyl y Cnapan yn Ffostrasol. Roedd y grŵp yn cynnwys Daniel Davies ac un o fyfyrwyr pumed dosbarth o Lanfair Caereinion, Andy Ryan. Roedd Andy wastod eisiau bod mewn grŵp felly dywedais wrtho y gallai ymuno â Datblygu am brynhawn. Aeth y gig yn dda a ches i fwy o arian am chwarae nac rown yn ei gael am wythnos o ddysgu.

Daeth fy ngyrfa yn Llanfair Caereinion i ben ac rown i'n teimlo fod baich wedi cael ei godi oddi ar fy ysgwyddau. Rown i'n dal i gael cyflog athro tan fis Medi felly rown i'n gallu byw yn fras. Teithiais i fyny i Ynys Môn at Gorwel Owen gyda Rhian 'Sgarff' Davies er mwyn cwblhau'r casét sengl *Popeth*. Doedd Dad erioed wedi bod ar y teledu felly pan ddaeth hi'n amser gwneud fideo i'r gân roedd e yn rhan o'r fideo.

Wedi gorffen ar y gwaith yn Ynys Môn teithiais i Aberystwyth. Doedd gen i nunlle i fyw felly roedd yn rhaid i mi fyw yn y Ford Sierra. Rown i'n ymolchi ac yn eillio yn y Public Shelter. Treuliwn ambell i noson ar lawr fflat Danny a hefyd ces i loches am rywfaint mewn tŷ ffrind o'r enw Matthew.

Teithiais gyda thri ffrind i fwthyn ynghanol nunlle er mwyn yfed gwin, ysmygu canabis a bwyta. Ffilmiwyd y cyfan ar fideo. Yno, roedd albwm cyntaf y Stone Roses. Down i ddim wedi gwrando arno'n iawn cyn hyn. O dan effaith y mwg a'r gwin creodd gryn argraff arna i.

Yna, es i i'r Wyddgrug i berfformio mewn clwb nos yn ystod yr Eisteddfod. Dim ond fi a pheiriant tâp oedd ar y llwyfan. Roedd y lle'n llawn. Ond yn lle taflu poteli tuag ata i fel y gwnaethon nhw yng Nghlwb Ifor Bach, Caerdydd yn yr wythdegau, yma roedd y dorf yn taflu cigarettes ata i.

Es i 'nôl i Aberteifi at Mam a Dad. Yno, dechreuais ysgrifennu'r llyfr, *Al, mae'n Urdd Camp*. Hefyd es i i Flaenau Ffestiniog i recordio hanner albwm gyda Llwybr Llaethog. Gwnes i'r hanner arall gyda Tŷ Gwydr yng Nghaerdydd nes ymlaen yn y flwyddyn.

Aeth yr haf a daeth mis Medi. Perfformiodd Datblygu yn fyw am y tro cynta ar Radio Cymru ar raglen nos Sul, Nia Melville. Roedd yn brofiad ffantastig.

18

Rown wedi gorffen *Al, mae'n Urdd Camp* ac wedi ei gyflwyno i Robat, pennaeth Gwasg Y Lolfa. Cafodd y llyfr ei dderbyn yng Nghyfres y Beirdd Answyddogol a'r ail dro i mi ymweld â'r lle, dywedodd Robat y dylswn weld y golygydd. Rown i'n disgwyl rhyw hen ddraig. Curais ar y drws a dyma gwrdd â chariad ar yr olwg gynta. Ei henw oedd Elin. Roedd Danny gyda fi a dywedodd wedyn ei fod e'n gallu teimlo'r cemeg yn yr awyr. Gyrrais yn ôl i Aberteifi. Dechreuodd Elin a minnau gyfathrebu trwy'r post — yn gynta am y llyfr ac wedyn ar lefel bersonol. Ces i wahoddiad i ymweld â hi yn nhŷ ei rhieni y tu allan i Aberystwyth. Ces i groeso cynnes gan Elin a'i mam, sawl gwydraid o win a rhywbeth i'w fwyta. Arhosais dros nos. Rown i mewn cariad.

Penderfynon ni fynd i ffwrdd am benwythnos felly, ar fore Sadwrn yn yr hydref, gyrrais y Ford Sierra i gasglu Elin o'i chartre. Aethon ni i Fachynlleth lle arhoson ni mewn gwesty moethus. Yno, cawson ni ryw am y tro cynta.

Hud. Prynais ginio iddi ar ddydd Sul ac yna gyrrais hi yn ôl i dŷ ei rhieni. Dros yr wythnosau nesa cawson ni ryw mewn gwestai ac yn nhai ffrindiau. Doedd yn dal gen i ddim lle i fyw yn ardal Aberystwyth ac roedd ei rhieni yn dechrau troi yn fy erbyn.

Recordiodd Datblygu yr albwm Nadolig *Blwch Tymer Tymor* mewn un dydd. Elin wnaeth fy ngyrru i i stiwdio Gorwel Owen. Arwyddais gytundeb gyda Chwmni Recordiau Ankst ac o'r diwedd ffeindiais ystafell mewn tŷ yn Cliff Terrace, Aberystwyth. Yno gwnes ffrindiau gyda Dylan o'r Rhondda oedd yn hoff o'i alcohol a canabis. Treulion ni lot o amser yn yfed ac yn ysmygu a byddai Elin yn ymweld yn achlysurol.

Daeth *Blwch Tymer Tymor* allan cyn y Nadolig, a daeth ac fe aeth yr ŵyl. Wedi'r Nadolig rown wedi cael fy mwcio i berfformio yn Aberaeron. Yno roedd Gorky's Zygotic Mynci. 'A gewn ni chwarae?' gofynnon nhw i fi. Roedd y trefnwyr wedi gwrthod eu cais. Atebais, 'Gallwch chi gael hanner fy set i os ca i hanner eich dope chi'. Roedd y lle'n llawn a fy mherfformiad yn wyllt. Gyrrodd fy ffrind Meirion fi'n ôl i'r fflat yn Aberystwyth.

Trannoeth ces i wahoddiad gan Pat i fynychu parti yn ei thŷ. Gyrrodd Meirion fi yno. Aeth

Pat, Meirion a finnau i dafarn yn y Gelli a chael cwpwl o ddiodydd cyn dychwelyd i'r tŷ. Roedd Pat a fi heb weld ein gilydd ers digwyddiad Rhyw ddydd, Un dydd ym Mhontrhydfendigaid ar ddechrau mis Rhagfyr – rown wedi cymryd llinell o 'speed' cyn mynd ar y llwyfan. Yn y parti yfais sawl potelaid o win ond roedd y bobl yno yn eu siwtiau yn mynd ar fy nerfau i. Es i i'r gegin i wrando ar The Fall, ond dilynodd pobl fi yno. Dechreuais falu platiau a ffoniodd rhywun yr heddlu. Daethon nhw a mynd â fi i'r celloedd yn Aberhonddu. Y cyhuddiad oedd 'criminal damage' ond gwnaeth Pat ollwng y cyhuddiad. Daeth Meirion i 'mhigo fi lan o orsaf yr heddlu a 'ngyrru fi yn ôl i Aberystwyth. Daeth y flwyddyn i ben yn rhamantus. Treuliais Nos Galan yn y fflat ym mreichiau Elin.

19

Dechreuodd 1992 efo gwahoddiad i fod yn athro cyflenwi yn Ysgol Dyffryn Teifi, Llandysul – am dridie. Gwnes i ddysgu Mathemateg a Daearyddiaeth. Ar y dydd olaf gofynnodd Ffion, myfyrwraig yn y chweched dosbarth, a fyddai'n bosib iddi gael lifft i Aberystwyth i weld ei chariad. Felly, hanner awr cyn y gloch ola roedd Ffion a fi yn y car. Ches i ddim gwahoddiad yn ôl i'r ysgol a dydw i ddim wedi gweithio ers hynny. Daeth Ffion a fi'n dipyn o ffrindiau.

Yna daeth gwahoddiad oddi wrth Criw Byw i wneud fideo o un o'r caneuon oddi ar *Blwch Tymer Tymor* – y gân 'Santa a Barbara' gyda fi a Rhian 'Sgarff' Davies. Gwnes i fwynhau gwneud y fideo'n fawr.

Erbyn hyn roedd fy mherthynas gyda Elin yn edwino. Roedd hi'n colli diddordeb ac roedd y rhyw yn mynd yn fwy ac yn fwy achlysurol tan i'r berthynas ramantus ddod i ben yn y gwanwyn. Roedd *Al, mae'n Urdd Camp* fod i ddod allan yn yr haf, felly rown i'n dal mewn cysylltiad â hi.

Datblygodd y flwyddyn ac rown yn y fflat ar

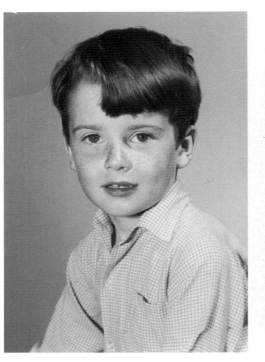

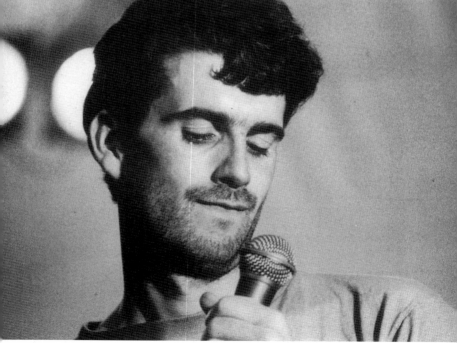

Sothach!

RHIF 23   HYDREF 1990   PRIS 75c

ADOLYGIADAU... POSTAR...
...GION...HANNER PEL...
...DATBLYG... CRUMBLOWERS...
PWY YW OEDWYN...OEL NE?

DATBLYGU
1985-1995
(Ankst)

Gwerddlydd 3/99.

WHAT WITH all the Brit-grabbing schmoozefests and stadium super-gigs that gravitate towards the current crop of Welsh bands, Datblygu can't help but seem a little anachronistic. They never rocked Wembley Arena or inspired legions of deranged fans to carve the band's name into their flesh; what they did manage to do was pave the way for Gorky's Zygotic Mynci, Super Furry Animals and all your favourite maverick Welsh spirits. Oh, and they wrote some cracking songs as well.

The 20 tracks of singles and rarities on *1985-1995* are, without exception, sung in the band's mother tongue. Now, it would be a shameful lie for me to pretend that I knew what David R. Edwards was singing about; however, tracks like *Amnesia* and *Pop Peth* convey pissed-off, phlegmatic menace in anyone's language. When Datblygu calm down, they're just as effective: check the terrifically eerie singalong *Santa A Barbara* or the delicate Velvets burnout of *Brechdanau Tywod* for evidence.

Datblygu parade their love of The Fall a bit too strongly at times (*Hollol, Hollol, Hollol* sounds rather like a parody of said band) and the odd tune veers toward the twee end of the indie spectrum. Small complaints, though, when given the opportunity to hear a decade of invention, reinvention, chaos and general clawing away at the Anglocentric mainstream. Buy, and be inspired.

Neil Gardner

DATBLYGU
1985-1995
(Angst)

"A BAND capable of anything," claims Super Furry Gruff Rhys on the inlay of this first-ever CD from "the greatest Welsh band of all". Such plaudits may surprise both Manics fans and everyone outside Welsh-speaking Wales. But in Cymru the ever-political, musically uncompromising Datblygu (Develop) are hailed as the first truly modern Welsh band by lots of Welsh people (and John Peel).

This compilation – their limited Christmas album, the early Anhrefn label singles, all the Welsh rare bits (*Boom boom – Ed*) – doesn't quite convey such momentous thrills. They are clearly passionate (that much is evident, despite the lyrics all being in Welsh), but vocally and musically they sound just like a Welsh Wedding Present with bonus keyboards.

Gruff says they came as "a sonic and moral warning to a complacent generation of white hicks on coke", and if Datblygu were the inspiration for Gruff Rhys, Super Furry Animals and a new generation of proud Welsh youth to pick up instruments, then their legacy is an important one.

BEN KNOWLES
★★★☆☆
'1985-1995' is out now

3/99 Melody Maker

Datblygu
1985-1995 *(Ankstmusik)*

NME.

In his liner notes for this retrospective of this seminal Welsh outfit, Super Furry Animals' Gruff Rhys comments that Datblygu were a band "capable of anything". Upon the evidence of this CD, however, it appears the problem with Datblygu was not their limitless potential, but rather their inability to confine this rangy imagination to the pop format.

Put simply, Datblygu sound like Super Furry Animals, had SFA not tempered their expansive prog leanings with deliciously snappy pop. More in line with Gorky's' psychedelic sprawls, Datblygu specialise in simultaneously minimal and bloated ditties, a lack of discipline dribbling flabbily through the tracks.

For every bona fide burst of inspiration like 'Casserole Efeilliaid' (Datblygu main man David R Edwards manically pealing, *"Casserole! Casserole! Casserole!"* over a pimp-rolling Velvets bassline), there's a self-indulgent swamp like 'Nefoedd Putain Prydain' waiting to drag the collection back down into the mire. While useful as an historical artefact, casting light on the first green shoots of a Welsh psychedelic revival, Datblygu's music itself is ultimately too alien, too unfriendly, too out-there to make sense in the cold light of now.

An intermittently inspired but far too wayward genius. **(5)**

Stevie Chick

ROGER SARGENT

Digon o Ddatblygiad

Cafwyd cadarnhad gan gwmni Recordiau Ankstmusig y bydd CD *Datblygu 1985-1995* yn cael ei rhyddhau ar Fawrth 15.

Am y tro cyntaf ar un CD bydd cyfle i fwynhau ugain o draciau Datblygu.

Mae'r Casgliad o ganeuon a recordiwyd rhwng 1985 a 1995 yn cynnwys senglau a recordiwyd yn wreiddiol ar gyfer Recordiau Anhrefn, Ofn ac Ankst.

Mae'r CD hefyd yn cynnwys y tâp Nadoligaidd *Blwch Tyner Tymor* yn ogystal a thraciau prin eraill a fersiwn *cover* o'r gân *Merch Ty Cyngor* a ysgrifennwyd yn wreiddiol gan Gaeraint Jarman.

Hefyd, yn ogystal a hyn oll, tu mewn i'r clawr cewch ddarllen rhagarweiniad i'r casgliad gan Gruff Rhys o'r Super Furry Animals.

CERDDORIAETH ...

WBW.

Y BAND GORAU ERIOED?

Artist: Datblygu
Teitl: 1985-95
Fformat: CD / LP
Label: Ankstmusik
Adolygiad: Gari Melville

Fel y mae e'n dweud ar y clawr, *"for the first time on CD, 20 tracks from the greatest Welsh band of all time."* Geiriau mawr, ond ar ôl gwrando ar y cynnyrch, mae'n hawdd gweld y rhesymeg y tu ôl i'r datganiad mawreddog yma. Y gwir yw bod **Datblygu** wedi dylanwadu ar fandiau fel **Gorky's Zygotic Mynci**, **Super Furry Animals**, **Catatonia**, **Y Tystion** ac yn y blaen, ac yn y blaen.

Rwy'n ddigon hen i gofio rhai o gigs cynnar **Datblygu**, a sylwi ar ymateb doethion y sîn roc ar y pryd tuag at y band. Roedd miwsig Datblygu yn gofyn i chi yn blwmp ac yn blaen ar pa ochr o'r ffens oeddech chi eisiau sefyll. Pan oedd aelodau o supergroups Cymraeg yn trin **Datblygu** gyda atgasedd, roedd to newydd o grwpiau fel **Yr Anrhefn** a **Traddodiad Ofnus** yn eu trin nhw gyda thipyn o barch.

Ond beth am y cynnyrch? Mae Ankstmusik wedi gwneud gwaith ardderchog trwy fynd yn ôl at yr hen master tapes i greu swn o'r safon ucha'. Fe wnaeth Ankst ryddhau dwy albwm gan **Datblygu**, sef **Wyau** a **Pyst** ar yr un CD yn ôl yn 1995.

Mae CD newydd Ankstmusih yn casglu popeth arall a gafodd ei ryddhau gan y band rhwng 1985 ac 1995. Wel, bron popeth. Roedd y *master tape* i **Popeth Arall**, sef yr ail drac ar y sengl-caset **Popeth** a gafodd ei ryddhau ar label Ofn yn 1990 wedi mynd ar goll.

O leia' mae'r brif gân ar y CD yma. Does dim lle am y remicsys gwych o 'Brechdanau Tywod' a ymddangosodd ar y caset aml-gyfrannog **Yr Ysbryd Yn Y Sach Cysgu** yn 1988 chwaith, ond gyda'r CD yma yn para' am dros 75 munud fe fyddai wedi bod yn amhosib cynnwys rhagor. Cyfrol arall yn y dyfodol, efallai, yn cynnwys y rhain a sesiwn ola' **Datblygu** i **Heno Bydd Yr Adar Yn Canu** a gafodd ei darlledu ar Radio Cymru yn 1995.

Casgliad i'w groesawu o gerddoriaeth pop Cymraeg mwya' angenrheidiol yr ugeinfed ganrif.

Datblygu
1985-1995

How the hell do you review an album by the band that's probably influenced more Welsh music than any other band? I mean, Datblygu were, and still are, complete heroes to so many people, and not without reason.

Datblygu had a home-made, recorded-in-your-bedroom sound that made people realise that anybody can be a pop star if they really want to.

1985-1995, as the title suggests, is the definitive Datblygu collection. Its 20 tracks contain all the Anhrefn, Ankst and Ofn singles, rare compilation tracks and the complete Datblygu Christmas album, *Blwch Tymer Tymor*.

The album is an absolute feast of delicious tracks. The opening track, *Y Teimlad*, was covered by SFA in a Peel session last year – they also performed it live during their May 1998 tour – and is probably my favourite Datblygu track ever, closely followed by *Chia Niswell ac ati:Cân i Gymru 1993*, which alas doesn't appear on this album. But whatever – *Y Teimlad* lives up to its title (*The Feeling*) - it certainly contains plenty of that! It's a celebration of love – not wishy-washy, mishy-mashy Mills & Boon crap, but the love that real people feel for each other. It's beautiful.

There's a wealth of excellent material here. *Nefoedd Putain Prydain* is a definite must; slow and sarcastic (I love the way David R Edwards spits out his words. Fucking *dude!*) it contains a magic/ tragic line about a girl 'with heroin kissing her blood'. You want the peoples' poet? You've found him.

Casserole Efeilliad is another outstanding track, as are *Pop Peth* (quite a dancey offering) and *Sdim Eisiau Esgus*. Also worth a mention is the haunting *Ga i Fod Siôn Corn* ('Can I be Santa Claus') with its beautifully sexy/scary backing vocals provided by our lovely, crazy friend Ree Davies.

"David... R Edwards... communicates here to half a million Welsh speakers fucked on Thatcherism," says Gruff Rhys in his introduction in the booklet. I'll dare to go slightly further than that and suggest that he speaks to *everyone*, fucked not only on Thatcherism but Majorism, Blairism and generally shitty Politicianism, no matter what your language may be; whether or not you understand the actual words, the sentiment is the same the world over.

I'd love to see David come out of retirement now and start making his unique comments on 1999's Britain. Who knows what he'd have to say about it? We can't be certain, but one thing *is* certain, and that's that he'd receive a hero's welcome. Bloody rightly so.

Debs

BKI 58216.

ALBUMS

Datblygu
1985–1991 (Ankstmusik)
★★★★

'Datblygu'... themau, tempo, awyrgylch, cywair.... dyna beth mae David R. Edwards a'i fand yn llwyddo i 'w wneud yn y cas-gliad yma o 20 o glasuron gwefreiddiol.

Ceir senglau a recordiwyd gan y grwp ar gyfer recordiau Anrhefn, Ofn ac Ankst ynghyd â chaneuon o'r albwm nadoligaidd 'Blwch Tymer Tymor'. Gyda cymysgwch o flas gotheg, indie a roc, anodd yw dos-barthu steil y CD hon fel cyfanwaith.

Ceir rhagair gan Griff Rhys o'r Super Furry Animals sy'n disgrifio'r casgliad hon fel "dal drych i fyny ar gymdeithas" a dyma'n wir beth mae'r caneuon yn llwyddo i 'w gwneud gyda geirio craff yn adlewyrchi'r gymdeithas.

CD cyfleis sy'n llwyddo i ddefnyddio cerddoriaeth megis cyfrwng i gyfleu sylwebaeth ar rhagrith bywyd bob dydd, heb fod yn rhy ddiflas, tra'n diddanu spec-trwm eang o bobl ar y cyd. Prynwch ar bob cyfrif! HJ

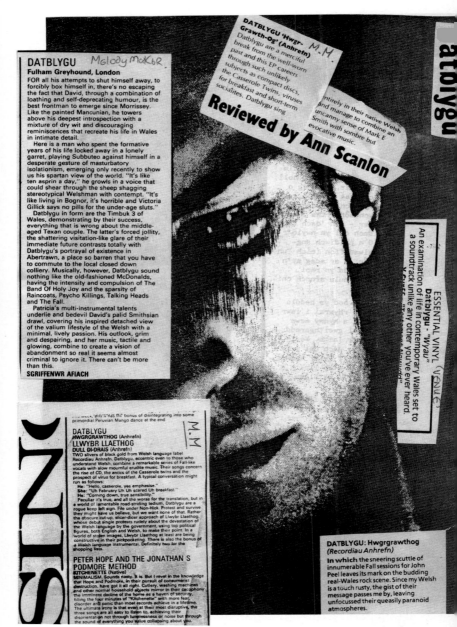

DATBLYGU Melody Maker
Fulham Greyhound, London

FOR all his attempts to shut himself away, to forcibly box himself in, there's no escaping the fact that David, through a combination of loathing and self-deprecating humour, is the best frontman to emerge since Morrissey. Like the painted Mancunian, he towers above his deepest introspection with a mixture of dry wit and discouraging reminiscences that recreate his life in Wales in intimate detail.

Here is a man who spent the formative years of his life locked away in a lonely garret, playing Subbuteo against himself in a desperate gesture of masturbatory isolationism, emerging only recently to show us his spartan view of the world. "It's like ten asprin a day," he growls in a voice that could shear through the sheep shagging stereotypical Welshman with contempt. "It's like living in Bognor, it's horrible and Victoria Gillick says no pills for the under-age sluts."

Datblygu in form are the Timbuk 3 of Wales, demonstrating by their success, everything that is wrong about the middle-aged Texan couple. The latter's forced jollity, the shattering visitation-like glare of their immediate future contrasts totally with Datblygu's portrayal of existence in Abertrawn, a place so barren that you have to commute to the local closed down colliery. Musically, however, Datblygu sound nothing like the old-fashioned McDonalds, having the intensity and compulsion of The Band Of Holy Joy and the sparsity of Raincoats, Psycho Killings, Talking Heads and The Fall.

Patricia's multi-instrumental talents underlie and bedevil David's palid Smithian drawl, covering his inspired detached view of the valium lifestyle of the Welsh with a minimal, lively passion. His outlook, grim and despairing, and her music, tactile and glowing, combine to create a vision of abandonment so real it seems almost criminal to ignore it. There can't be more than this.

SGRIFFENWR AFIACH

DATBLYGU 'Hwgr-Grawth-Og' (Anhrefn) M.M.

Datblygu are a merciful break from the well-worn past and this EP careers through such unlikely subjects as compact discs, the Casserole Twins, viruses for breakfast and short-term socialites. Datblygu sing entirely in their native Welsh and manage to combine an uncanny sense of Mark E Smith with sombre but evocative music.

Reviewed by Ann Scanlon

ESSENTIAL VINYL (VENUE)
Datblygu— "Wyau"
An examination of life in contemporary Wales set to a soundtrack unlike any other you've ever heard. ... "Wyau" ... Wales/Guardian, Merthyr/Cardiff.

...west, and what's the bonus of disintegrating into some primordial Peruvian Mango dance at the end

DATBLYGU
HWGRGRAWTHOG (Anhrefn)
LLWYBR LLAETHOG
DULL DI-DRAIS (Anhrefn)

TWO slivers of black gold from Welsh language label Recordiau Anhrefn. Datblygu, eccentric even to those who understand Welsh, combine a remarkable series of Fall-like vocals with slow mournful erudite music. Their songs concern the rise of CD, the antics of the Casserole twins and the prospect of virus for breakfast. A typical conversation might run as follows:
He: "Hello, casserole, yes emphasise."
She: "Uh February Uh Uh scared Uh breakfast."
He: "Coming down, true sensibility."
Peculiar it's true, and all the worse for the translation, but in a world of lamentable road-striding tedium, Datblygu are a rogue keep left sign. File under Non-Nick. Protest and survive they might have us believe, but we want none of that. Rather the obscure cut-up, slicer-dicer approach of Llwybr Llaethog, whose debut single protests rudely about the devastation of the Welsh language by the government, using top political figures, both English and Welsh, to make their point. In a world of stolen images, Llwybr Llaethog at least are being constructive in their pickpocketing. There is also the bonus of a Welsh language instrumental. Definitely two for the shopping lists.

PETER HOPE AND THE JONATHAN S PODMORE METHOD
KITCHENETTE (Native)

MINIMALISM. Sounds nasty, it is. But I revel in the knowledge that Hope and Podmore, in their pursuit of consumerist destruction, have got it all right. Cutlery, washing machines and other normal household objects mirror in their cacophony the imminent decline of the home as a haven of security, filling the four minutes of "Kitchenette" with more fear, disorder and panic than most records achieve in a lifetime. The ultimate irony is that even at their most disruptive, the three songs are all easy to listen to, achieving their disorientation not through tunelessness or noise but through the sound of everything you value collapsing about you.

DATBLYGU: Hwgrgrawthog
(Recordiau Anhrefn)

In which the sneering scuttle of innumerable Fall sessions for John Peel leaves its mark on the budding real-Wales rock scene. Since my Welsh is a touch rusty, the gist of their message passes me by, leaving unfocussed their queasily paranoid atmospheres.

PysT

DATBLYGU

DATBLYGU

WYAU

DATBLYGU
wyau / pyst / libertino

DATBLYGU
cân y mynach modern

DATBLYGU

Y LLWCH AR EICH SGRÎN

Noson o ffilmiau i lansio y CD newydd *Datblygu: Peel Sessions 1987 - 1993* (ankst119)

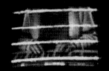
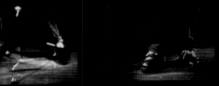

Ffilmie gan
Marc Evans (ABC Datblygu (1990))
Peter Telfer (Ffilm am sengl newydd Datblygu (2008))
Emyr Glyn Williams (Datblygu ar Ankst (1991-94))

7.30pm NOS WENER 25 EBRILL 2008
SINEMA Y DRWM, LLYFRGELL GENEDLAETHOL, ABERYSTWYTH

Tocynnau £4 ar gael www.ankst.net
neu trwy'r post ANKSTMUSIK, TOPS ,Y SGWAR,PENTRAETH, MÔN. LL758AZ

fy mhen fy hun yn yfed gwin ac yn gweithio ar albwm newydd Datblygu, *Libertino*. Rown i'n teimlo fod y grŵp angen gwaed newydd felly es i allan i chwilio am aelodau newydd. Ffeindiais yr adran rythm gorau yn y wlad, yn fy marn i, sef Rheinallt ap Gwynedd ar y bas ac Al Edwards ar y drymiau. Roedd Datblygu yn datblygu ac, efo nhw yn y band, aethon ni i Lundain i recordio ein pedwerydd sesiwn i John Peel. Arhosais am wythnos yn fflat un o'r cyfranwyr i'r sesiwn, John Griffiths (Llwybr Llaethog) yn Peckham cyn dal y trên yn ôl i Aberystwyth. Yno, gwnes i gwrdd â Kenny Reid – o'r Alban. Roedd newydd orffen ei radd mewn Drama a doedd ganddo nunlle i fyw. Dywedais y gallai gysgu ar fy soffa.

Chwaraeodd y band yng Ngŵyl Roc y Cnapan y flwyddyn honno hefyd. Roedd y band wedi cadw fi oddi ar y ddiod felly roedd y perfformiad yn broffesiynol. Yn ôl yn Aberystwyth helpodd Kenny fi i gyfansoddi 'Maes E' – sengl a fyddai'n dod allan ar gyfer Eisteddfod Aberystwyth. Roedd y gân am Elin ac am y cyffur rown i wedi ei gymryd gwpwl o weithiau – ecstacy.

Yna daeth yr Eisteddfod i Aberystwyth ac roedd gan Datblygu sawl gig. Un ohonyn nhw oedd Noson Claddu Reu lle roedd y sengl *Maes E* yn cael ei rhoi i ffwrdd am ddim. Mewn gig ar y ffrynt mewn bar gwnaeth rhywbeth pwysig ddigwydd. Cwrddais â merch brydferth o'r enw Rhiannon. Rown i wedi ei chyfarfod cyn hynny ond y tro hwn rhoddodd hi ei thafod yn fy ngheg a bant â ni. Gwnaeth ein perthynas barhau am dros ddwy flynedd. Roedd hi'n edrych ac yn ymddwyn fel actores mewn ffilm bornograffig. Ond hefyd roedd hi'n fy neall i i'r dim. Roedd hi'n ferch arbennig a gwnaeth hi gymryd dros ddegawd i mi i ddod drosti'n iawn ar ôl iddi fy ngadael. Rown i'n cwrdd â hi yn fy ystafell neu yn ei hystafell hi yng Nghaerdydd. Nes ymlaen symudodd hi i fflat yn y ddinas ac rown i'n ymwelydd cyson.

Roedd fy ystafell yn y fflat yn Aberystwyth yn lle cymdeithasol iawn. Byddai ffrindiau yn ei lenwi ac yn ysmygu canabis ac yn yfed gwin. Pan own i ar fy mhen fy hun byddwn yn ysgrifennu *Libertino*. Cyfansoddodd Rhiannon hanner y geiriau i 'Cân I Gymry'. Aeth 1992 yn ei flaen ac roedd bod gyda Rhiannon yn freuddwyd pob bachgen ysgol. Rown i'n ysgrifennu at ein gilydd ac yn cwrdd lan pob cyfle y caen ni, yn aml mewn gwestai.

Ar ddechrau'r gaeaf aeth Pat, fi, Rheinallt ac Al i Sir Fôn at Gorwel Owen i gychwyn ar y gwaith o recordio ein trydydd albwm. Pat oedd yn gyrru'r car a rhoddodd hi botelaid o whisky

Americanaidd i mi i'w yfed ar y ffordd. Aeth y recordio yn dda.

Yn ôl yn Aberystwyth roedden ni wedi cael ein bwcio i chwarae yng ngwesty'r Seabank. Ces i groeso anhygoel gan y dorf. Roedd tua dau gant yno a'r pris mynediad oedd punt. Roedd y set yn arbrofol ond cawson ni dderbyniad da. Roedd pobl yn rhoi poteli o gwrw wrth fy nhraed. Y noson honno gwnes i gyfarfod â Rhian Wood a daeth hi aton ni i leisio ar *Libertino*.

Daeth 1992 i ben ac aeth Rhiannon allan i'r dref gyda'i ffrindiau. Arhosais yn fy ystafell yn gwrando ar gerddoriaeth, yn yfed gwin a chyfansoddi. Daeth hi yn ôl i'm mreichiau toc wedi hanner nos.

20

Roedd 1992 wedi gorffen gyda Datblygu yn cael digon o bleidleisiau i gyrraedd rhif 29 yn 'Festive 50' John Peel. Dathlais am wythnos, yna rhentais gar o'r garej yn Aberystwyth, ei lenwi efo ffrindiau a gyrru i Sir Fôn i barhau efo'r gwaith ar *Libertino*. Wedi i ni ddod yn ôl cawsom barti yn fy ystafell.

Rown i wedi gorffen y cyfansoddi a byddwn yn treulio fy amser yn siopa am fwyd, diod a cigarettes a cherdded o gwmpas Aberystwyth. Daeth yr amser i gymysgu'r albwm a'r tro yma daliais y Traws Cambria i Fangor gyda chwpwl o ffrindiau. Yna, i Sir Fôn a gorffen yr albwm.

Yn y gwanwyn roedd y band wedi cael eu bwcio i chwarae yn Llundain gyda Ffa Coffi Pawb a Gorky's Zygotic Mynci. Rhentais fan a phigo'r Gorky's lan yng Nghaerfyrddin. Roedd yn amlwg o'r cychwyn nad oedd y noson yn mynd i redeg yn esmwyth. Y Gorky's oedd arno gynta ond doedd meicroffon Euros Childs ddim yn gweithio'n iawn. Cwynais wrth y dyn sain. Yna daeth tro Datblygu – roedd y band yn wych ond doedd fy meicroffon i ddim yn gweithio. Es i lan at y dyn sain a'i fygwth. Ces i fy nghario o'r lleoliad a dyna oedd diwedd ein perfformiad ar ôl teithio'r holl ffordd o orllewin Cymru.

Nes ymlaen yn y gwanwyn penderfynais adael y fflat. Bûm yn cysgu ar lawr ffrindiau am rai wythnosau cyn symud yn ôl i Aberteifi at Mam a Dad. Tra own i yno daeth *Libertino* allan a chafodd y band wahoddiad i recordio sesiwn arall i John Peel. Hon oedd ein pumed sesiwn – yr un nifer ag y gwnaeth Roxy Music iddo. Pan aeth y sesiwn allan ar yr awyr roedd ymateb John yn bositif iawn.

Yna, daeth Eisteddfod Llanelwedd ac roedden ni wedi cael ein bwcio i wneud dau gig. Aeth ein perfformiad cyntaf ar y maes ar y dydd Sadwrn cyntaf yn dda – Pat, fi, Rheinallt ac Al. Roedd yr ail gig i fod ar y nos Fercher. Yn y cyfamser teithiais gyda Pat i'w thŷ yn y Gelli ac yfed. Pasiodd y dyddiau nesaf a daeth prynhawn Mercher. Cefais ffeit efo Pat a galwodd hi'r heddlu. Felly y noson pan own i fod yn gwneud y gig, treuliais hi yng nghelloedd yr heddlu yn Aberhonddu.

Y bore wedyn aeth yr heddlu â fi i bentref cyfagos. Rown i'n gorfod arwyddo ymlaen yng ngorsaf heddlu Aberteifi tan yr achos llys yn

Aberhonddu. Hefyd, down i ddim gallu prynu alcohol. Yn ffodus, roedd Rhiannon yn gwybod beth oedd wedi digwydd a daeth hi i bigo fi lan. Aethon ni i Gaerdydd.

Yna, daeth dydd yr achos llys. Cefais ddirwy. Roedd Mam gyda fi a thalodd hi'r bil. Yna es i 'nôl i Aberteifi. Ces wahoddiad gan Rhiannon i ymweld â hi yn nhŷ ei rhieni gan eu bod nhw dramor ar eu gwyliau. Dalais y bws. Roedd Rhiannon yn ffantastig.

Doedd Mam ddim yn gadael i mi a Rhiannon gysgu gyda'n gilydd yn y tŷ yn Aberteifi felly penderfynais symud allan. Y tro yma i Aberporth i gapel oedd wedi cael ei droi yn ystafelloedd i'r digartref. Roedd Rhiannon yn ymwelydd cyson ac roedd rhywbeth grêt cael ffycio mewn capel. Roedd sawl cymeriad diddorol yno ac rown i'n treulio'r dyddiau yn yfed, smygu a gwrando ar gerddoriaeth. Rown i'n cael pryd llysieuol o fwyd bob nos. Sefyllfa ddelfrydol. Aeth hyn ymlaen am bron i flwyddyn tan i mi gael ffrae gyda'r bobl oedd yn rhedeg y lle, unwaith eto daeth yr heddlu ac yna gofynnodd y perchnogion i mi i adael. Symudais 'nôl at Dad a Mam.

Yn ystod 1994 recordiodd Datblygu eu gwaith olaf am y tro, sef y sengl *Amnesia* ac *Alcohol*. Rown i'n bles iawn gyda hon ac roedd i'w chlywed ar

John Peel. Daeth hi allan ar ddechrau 1995.

Yn ôl adref rown i'n ysu am fod efo Rhiannon, felly pan ofynnodd fy Wncwl Gwynfor i mi a hoffwn i symud i mewn i un o'i fflatiau yn Beulah ger Castellnewydd Emlyn derbyniais y cyfle.

Yn anffodus, dim · ond unwaith daeth Rhiannon i fy ngweld yn fy nghartre newydd. Yn Hydref 1994 cawson ni ryw am y tro olaf. Trannoeth gyrrodd hi fi i Aberteifi – rown wedi cael ein bwcio i berfformio yn Theatr Mwldan. Yna, gyrrodd hi i ffwrdd heb ddweud ffarwél go iawn. Ni welais i hi wedyn tan haf 1995 am gyfnod byr ar y stryd yn ystod Eisteddfod Abergele. A dydw i ddim wedi ei gweld na chlywed oddi wrthi ers hynny.

Yn y fflat yn Beulah roedd y dyddiau yn hir ac yn unig a doedd dim byd i'w wneud ond troi at y botel. Bob bore Mercher byddai fy wncwl yn rhoi lifft i mi o Beulah i Aberteifi er mwyn i mi gael siopa a chwrdd â fy ffrind Albert Sneade. Dyn yn ei chwechdegau oedd Albert ac roedd yn byw ar wahân i'w wraig – roedd Albert wedi gweithio'n galed trwy gydol ei oes ond nawr roedd yn bodoli ar Carlsberg Special Brew, cigarettes, cŵn poeth a salad. Byddwn yn eistedd yn ei lolfa yn siarad ac yn yfed. Bu farw ar ei ben ei hun ynghanol y nawdegau ac rwy'n ei golli'n fawr.

Tra own i yn Beulah gwnes i fy mherfformiad olaf ar S4C. Deuawd gyda Ian Morris o Tynal Tywyll. Roedd Ian a'i gitarydd Nathan wedi bod yn ymwelwyr cyson pan own yn byw gyda Pat yn Llangors yn yr 1980au.

Daeth fy nghyfnod yn Beulah i ben yng ngwanwyn 1995, a 'nôl a fi eto at fy rhieni. Roedd byw gyda fy rhieni yn eithaf anodd. Ni fyddai Mam yn gadael i mi yfed whisky nag ysmygu yn y lolfa. Felly penderfynais symud allan – y tro yma i Aberystwyth.

21

Cefais lety mewn lle gwely a brecwast a oedd yn llawn mamau sengl a'u plant, ond o leia roedd gen i do dros fy mhen. Eto, roedd y dyddiau yn hir ac yn unig ond ambell waith byddwn yn rhannu fy alcohol gyda'r mamau sengl.

Trodd y gwanwyn yn haf ac roedd Datblygu wedi cael eu bwcio i chwarae mewn clwb nos yn ystod Eisteddfod Abergele. Cefais lifft lan i'r gogledd gan ddau ffrind. Treuliais y prynhawn cyn y gig ar fy mhen fy hun yn yfed sherry felly pan ddaeth yr amser i berfformio down i ddim mewn stad rhy dda. Treuliais y gig ar fy nghefn efo meicroffon yn fy llaw. Hwn oedd gig olaf Datblygu. Yn ystod wythnos yr Eisteddfod bûm yn yfed a chysgu'n rwff. Wedyn, daeth y dydd Sadwrn a gig Gorky's Zygotic Mynci. Gwnes i *encore* gyda nhw – rown i'n sobor. Dywedais wrth y dorf: 'Unlike Kurt Cobain I've got a brain and I know which way to point a gun.'

Cefais lifft yn ôl i Aberystwyth gan grŵp o ferched caredig. Ar ôl cyrraedd fy ystafell ces i wybod fod y perchenogion am i mi symud allan. Cyn yr Eisteddfod rown wedi bod yn yfed yn gyhoeddus ar strydoedd Aberystwyth. Unwaith eto daeth yr heddlu a fy arestio. Rown i lan o flaen y llys unwaith eto ac fe ges i ddirwy.

Symudais i fyw i'r Clarendon Hotel ar y ffrynt yn Aberystwyth. Roedd yr enw yn un crand ond mewn gwirionedd *doss house* i jyncis ac yfwyr yr ardal oedd e. Ond roedd y dyn a redai'r lle'n un caredig. Byddai yn codi bob bore a gwneud brecwast i'r criw. Byddwn yn treulio'r dydd yn y bwcis ac yn cerdded o gwmpas y dref. Yn ôl yn fy ystafell byddwn yn yfed. Ar ddydd Nadolig 1995 daeth Siôn Corn – perchennog y gwesty – gyda photelaid o win i mi. Er mwyn diolch iddo es i lawr i'r gegin amser brecwast ac arllwys gwydred o frandy iddo. Mewn ychydig fisoedd aeth e'n sâl ac roedd yn rhaid i mi symud allan – y tro yma i le gwely a brecwast yn Borth. Doedd dim byd i'w wneud yn y lle dim ond y pethau arferol felly byddwn yn dal y bws i Aberystwyth.

Yn ôl yn fy ystafell byddai rhai o'r bobl oedd yn byw yn y gwesty yn dod yno am ddiod: sherry rhad o'r siop leol. Un bore galwodd perchennog y lle'r heddlu. Aethon nhw â mi i'r celloedd yn Aberystwyth. Pan adawon nhw fi allan rown i'n ddigartre. Es i at y Cyngor lleol ond dywedon nhw nad oedden nhw'n gallu cynnig rhagor o help i fi. Trwy lwc roedd dau ffrind wedi rhentu fflat ac fe ges i wahoddiad i gysgu ar lawr eu lolfa am gwpwl o fisoedd. Yna, yn ôl i Aberteifi at Dad a Mam.

22

Un bore gofynnais i Dad i mofyn lager a whisky i fi o'r archfarchnad. Daeth e â nhw 'nôl a dechreuais yfed a gwrando ar gerddoriaeth. Rown i'n dathlu oherwydd roedd y Super Furry Animals wedi dechrau llwyddo. Yn sydyn, roedd y lolfa'n llawn o ddoctoriaid a'r heddlu. Wedi ychydig o drafod bant â fi i gelloedd yr heddlu. Yna, ymlaen i Ward Teilo − ysbyty'r meddwl yng Nghaerfyrddin. Rhwng 1996 a 2000 cefais yr un profiad nifer o weithiau − sawl gwaith o dan 'section'. Ar yr achlysur cynta down i ddim yn credu fod dim byd yn bod: rown i wedi cyrraedd yr ysbyty mewn tipyn o benbleth heb wneud fawr ddim o'i le, dim ond yfed. Ond ar adegau eraill roedd yn amlwg fod rhywbeth o'i le.

Mae fy ymweliadau i â Ward Teilo yn toddi i mewn i'w gilydd. Yno, yn gyffredinol cefais fy nhrin yn dyner iawn. Dywedodd y doctoriaid fy mod yn diodde o 'psychosis'. Roedd hwn wedi bod yno ar hyd y blynyddoedd ac rown i wedi bod yn ei drin efo alcohol a chyffuriau meddal. Nawr, doedd dim alcohol ond roedd tabledi. Roedd y cyfle o gael ystafell ar fy mhen fy hun a bwyd blasus yn bendant yn gwneud i fi deimlo'n well. Hefyd, roedd hawl gan bawb i ysmygu cigarettes. Roedd y rhan fwyaf o'r bobl yno yn ysmygu.

Rwy'n cofio bod o dan glo pan ddaeth Llafur i redeg y wlad yn 1997 a hefyd pan ddaeth canlyniadau'r refferendwm datganoli. Ches i ddim pleidlais.

Beth oedd yn eironig yn y cyfnod yma oedd fod y bandiau, a oedd yn cyfri Datblygu fel dylanwad, fel y Super Furry Animals a Catatonia yn llwyddiant mawr a minnau o dan glo. Ond roedd hyn er fy lles fy hunan y rhan fwya o'r amser.

Un diwrnod, roedd gen i eitha lot o arian yn fy mhoced a phenderfynais fynd i siop leol i ymofyn dwy botelaid o whisky a mynd â nhw 'nôl i'r ysbyty. Yn sydyn yn fy ystafell roedd y lle'n llawn o staff yn fy nal fi lawr ar y gwely ac yn chwistrellu rhyw gyffur yn fy nhin. Yna, bant â fi o Ward Teilo i ysbyty mewn rhan arall o Gaerfyrddin – Ysbyty Dewi Sant. Yno, roedd y walydd yn drwchus ac roedd fel bod mewn carchar. Treuliais wythnos yno'n ysmygu a chysgu o dan ddylanwad tabledi cryf. Yna 'nôl â fi i Ward Teilo lle roedd pethau llai ffurfiol.

Ar yr adegau hyn rhwng 1996 a 2000 pan nad own i yn yr ysbyty rown yn ôl yn Aberteifi gyda Dad a Mam. Roedden nhw'n caniatáu i fi gael ychydig o win i'w yfed.

Un profiad ges i tra own i ar un o fy ymweliadau â'r ysbyty oedd cyfarfod â fy nghariad olaf – merch o Lundain o'r enw Rosie. Ar yr adegau pan nad own i yn yr ysbyty byddwn yn ymweld â hi yn ei thŷ y tu allan i Aberteifi. Down i ddim yn ei ffansio hi mewn gwirionedd a doedd ganddon ni ddim llawer iawn yn gyffredin, ar wahan i'r ffaith bod y ddau ohonon ni'n treulio amser gyda'n gilydd yn yr ysbyty. Des i â'r perthynas i ben a dydw i heb fod gyda merch ers hynny. Mae rhyw a chyffuriau meddal wedi diflannu o'r tirlun.

23

Wedi 2000, rydw i wedi bod yn derbyn gofal yn y gymuned – gweld seiciatryddion yn rheolaidd a gweld nyrs seiciatryddol bob mis. Mae fy ffrind Paul Steffan Jones yn galw bob wythnos ac ry'n ni'n trafod a chael ychydig o ddiod. Newidiodd fy lwc ar ddechrau'r mileniwm – enillais arian ar y Loteri Cenedlaethol – bron £2,500. Ces i pump rhif ac roedd Dad a Mam yn methu credu'r peth – roedden nhw wedi bod yn gwneud y Loteri ers y cychwyn cynta a heb gael fawr o lwc. Rhoddais ran o'r pres iddyn nhw a mynd â nhw allan am bryd o fwyd. Yn y cyfnod yma hefyd gwnaeth y Super Furry Animals recordio un o fy nghaneuon 'Y Teimlad' ar gyfer eu record hir *Mwng*. Aeth y record i mewn i'r ugain uchaf yn y siartiau ac o'r diwedd rown i'n hapus iawn. Rown i'n dal ar y tabledi ond yn teimlo'n gryfach ac yn fwy hyderus yn fy hunan. Daeth casgliad Datblygu 1985–1995 allan ac roedd hwnnw'n llwyddiannus.

24

Rown i'n treulio llawer o fy amser yn cysgu — mae fy mreuddwydion a fy hunllefau yn well na mynd i'r sinema. Hefyd, rown i'n treulio aml i brynhawn yn betio ar y ceffylau. Byddwn yn dod 'nôl i'r tŷ a bwyta swper ac yn yfed gwin gyda fy rhieni. Roedd y teimlad o fod eisiau creu bellach bron wedi diflannu'n llwyr. Am y tro cynta yn fy mywyd rown i'n rhydd. Ac os y'ch chi wedi colli eich gwaith cofiwch: mae'n well bod ar y clwt na chael eich trin fel clwtyn llawr.

25

Aeth y degawd yn ei flaen a daeth casgliad *Wyau/ Pyst/Libertino* allan mewn un pecyn. Roedd yr adolygiadau'n ffafriol ac rown wedi rhoi'r geiriau Cymraeg a chyfieithiadau Saesneg yn y llyfryn fel rhan o'r casgliad.

Yna, bu farw fy arwr, John Peel tra oedd ar ei wyliau efo'i wraig yn ne America. Roedd y newyddion yn drist iawn. Ychydig cyn iddo farw derbyniais alwad ffôn ganddo – bûm yn trafod am awr gan sôn am wahanol bethau – fel cyffuriau, pêl-droed, The Fall, rhyw. Roedd ei golli mor sydyn yn sioc enfawr. Roedd e wastod wedi bod yno ers canol fy arddegau. Roedd wedi rhoi gwaith i Datblygu pan nad oedd fawr neb arall yn becso.

Cyn hyn yn 2004 derbyniais wobr am gyfraniad oes i'r byd roc a phop yng Nghymru gan Radio Cymru – yr un sianel oedd wedi ein hanwybyddu yn ystod y blynyddoedd cynt. Es i ddim i'r seremoni wobrwyo ym Mangor – roedd yn rhy bell a dydw i ddim yn hoffi teithio o fy milltir sgwâr yn Aberteifi ar wahân i fynd â fy nhad i'r ysbyty yn Abertawe. Cafodd Dad a Mam drawiadau ar eu calonnau ar yr un diwrnod ac roedd yn rhaid i Dad gael rhyw fath o *pacemaker* yn ei galon.

26

Am un o'r gloch ar fore o Chwefror yn 2006 daeth cnoc ar ddrws fy ystafell wely. Dad oedd yno. Roedd eisiau ffonio'r ambiwlans am fod Mam mewn poen. Daeth dau ambiwlans a pharcio y tu allan i'r tŷ efo'u goleuadau'n fflachio. Roedd Mam yn diodde o drawiad ar y galon. Bu criw'r ambiwlans yn gweithio ar Mam am awr cyn ei chludo i'r ambiwlans. Y peth diwetha ddywedodd hi wrtha i oedd, 'edrycha ar ôl dy dad'. Roedd fel petai'n gwybod ei bod ar y ffordd allan. A dyna beth ddigwyddodd. Ynghanol y nos daeth dau heddwas i'r tŷ a dweud bod Mam wedi marw yn yr ambiwlans.

Roedd yn rhaid i mi ffonio ffrindiau Mam ac aelodau'r teulu. Ac am y tro cynta ers degawd dechreuais yfed whisky i ddod dros y sioc. Sortiodd fy modryb Carol Kolczak bethau allan – fel yr angladd, yr ewyllys a phethau ariannol.

Roedd dydd yr angladd yn brofiad uffernol ond daeth Patricia Morgan i ddal fy llaw. Dywedodd nad oedd eisiau rhoi blodau ond prynodd whisky a gwin i Dad a minnau.

Roedd colli Mam yn brofiad mor sydyn ac rwy'n dal i'w cholli. Roedd y tri ohonon ni fel teulu yn uned agos iawn. Ond dyna yw bywyd – ni'n cael ein geni, ni'n bodoli ar y ddaear a wedyn ry'n ni'n marw – diwedd y stori.

27

Ers colli Mam rydw i wedi bod yn ymladd yn erbyn y botel. Llwyddais i'w rhoi i fyny am chwe mis ond roedd yfed te a choffi trwy'r amser yn mynd ar fy nerfau. Rydw i'n derbyn help oddi wrth y meddyg ac yn yfed coca cola ac ambell gan o gwrw neu ddiferyn o win. Mae blas whisky bellach yn gwneud i mi deimlo fel chwydu.

Rydw i'n edrych ar ôl Dad – yn gwneud yn siŵr ei fod yn cymryd ei dabledi, gwneud bwyd iddo a gwneud y siopa, y golchi ac ati. Mae fy modryb Carol yn help mawr. Mae hi'n dod i'r tŷ a'i lanhau bob pythefnos.

28

Ar ôl yr holl flynyddoedd caled roedd 2008 yn grêt. Daeth casgliad ein holl sesiynau i John Peel allan ar gryno ddisg ac roedd y noson lansio yn y Llyfrgell Genedlaethol yn Aberystwyth yn brofiad da iawn. Roedd y noson yn cynnwys ffilmiau Datblygu dros y blynyddoedd. Hefyd aeth Patricia â fi yn ôl i stiwdio Fflach yn Aberteifi i recordio'r sengl, *Cân y Mynach Modern*. Roedd y profiad yn bleserus ond yn dipyn o straen – rown i wedi blino'n lân ar ôl recordio a dydw i ddim yn rhag-weld y bydda i'n dychwelyd i'r stiwdio yn y dyfodol agos.

A 2009? Recordiodd y B.B.C. raglen am fy mhroblemau meddyliol i a Rhian 'Sgarff' Davies ar gyfer S4C. Cefais lot o ymateb ffafriol wedi i'r rhaglen ymddangos.

A'r dyfodol? Rwy'n glynu at yr hen ystrydeb sy'n dweud 'un dydd ar y tro'. Felly gobeithio gwneith hi fwrw glaw ar yr holl farbiciws. Ac os mai Teddy Arth yw'r Iwerddon, pwy a roddodd raff rownd ei wddf? Dywedodd Winston Churchill fod yfed alcohol ac ysmygu tobacco

yn hawl sanctaidd. Felly rwy'n dathlu gorffen y
llyfr hwn efo gwydred o stout oer a cigarette.
Diolch am ddarllen.

Discograffeg
gan Gari Melville
(Yr Archif Roc a Phop Cymraeg)

Senglau / EPs

Amheuon Corfforol: Casét Cyntaf Datblygu (NEON 08) 1983

Casetiau Neon. Casét.

Ochr 1

1 Cariad Absennol (Edwards) h: Ankst

2 Problem Yw Bywyd (Edwards) h: Ankst

Ochr 2

1 Prydferthwch Ffug (Edwards) h: Ankst

2 (Wedi) Crwydro (Edwards/Davies) h: Ankst

David R. Edwards: Prif lais, gitâr, allweddellau, drymiau.
T. Wyn Davies: Allweddellau, drymiau, llais.

Cerddoriaeth i gyd gan David R. Edwards.
Geiriau gan David R. Edwards heblaw am (2:2) gyda T. Wyn Davies.

Recordiwyd yn Y Stiwdio Lwyd, Aberteifi, Rhagfyr 1982, heblaw am (2:1) yn Stiwdio Gwelfryn, Aberteifi, Mai 1982.

Cynhyrchu: Malcolm Neon a Datblygu 1982, heblaw am (2:1) gan Datblygu.

Hwgwr-Grawth-Og (ANHREFN 008) 1986

Recordiau Anhrefn. Feinyl 7".

Ochr 1

1 Braidd (Edwards/Morgan) h: Ankst

2 Casserole Efeilliaid (Edwards/Morgan) h: Ankst

Ochr 2

1 Firws i Frecwast (Edwards/Morgan) h: Ankst

2 Mynd (Edwards/Morgan) h: Ankst

David R. Edwards: Prif lais, organ, drymiau, ac ati.
Pat Morgan: Bas, offer taro, llais cefndir.

Cerddoriaeth gan David R. Edwards a Pat Morgan.
Geiriau i gyd gan David R. Edwards.

Recordiwyd yn Stiwdio Foel, Llanfair Caereinion, Powys, 6 Medi 1986.
Peiriannydd: Brian Snelling.

Pop Peth (OFN 014C) 1991

Casetiau Ofn. Casét.

Ochr 1

1 Popeth (Edwards) h: Ankst

2 Popeth Arall (Edwards) h: Ankst

Ochr 2

1 Popeth (Edwards) h: Ankst

2 Popeth Arall (Edwards) h: Ankst

David R. Edwards: Prif lais, allweddellau.
Pat Morgan: Bas, llais cefndir.
T. Wyn Davies: Allweddellau.
Rhian 'Sgarff' Davies: Llais ar (1&2:2).

Recordiwyd yn Stiwdio Ofn, Rhosneigr, Ynys Môn, Haf 1991.
Cynhyrchu: Gorwel Owen a Datblygu.

Maes E [Cnwch] (ANKST 032) 1992

Recordiau Ankst. Feinyl 7".

Ochr 1

1 Maes E (Edwards/Edwards/Morgan/Lichi/Reid) h: Ankst

Ochr 2

1 Ni Fydd Y Chwyldro Ar Y Teledu Gyfaill. *

* Gan Llwybr Llaethog ac Ifor Ap Glyn.

Geiriau gan David R. Edwards, Alex Lichi a Kenny Reid.
David R. Edwards: Prif lais, allweddellau.
Pat Morgan: Bas, gitâr, allweddellau, llais
Al Edwards: Drymiau.

Recordiwyd yn Stiwdio Ofn, 13 Mehefin 1992.
Cynhyrchu: Gorwel Owen a David R. Edwards

Putsch (ANKST 054) 1994

Recordiau Ankst. Feinyl 7".

Ochr 1

1 Amnesia (Edwards) h: Ankst

2 Alcohol (Edwards) h: Ankst

(1) David R. Edwards: Prif lais, organ, sax, gitâr
    John Griffiths: Bas, sax, gitâr
    Tim Hamill: Drymiau

(2) David R. Edwards: Prif lais, bas, allweddellau
    Andrew Rees: Gitâr.
    Gorwel Owen: Fiola.
    Al Edwards: Drymiau

(1) Recordiwyd: Stiwdio Hot Town, Treboeth, Abertawe, 11 Ebrill 1994.
    Cynhyrchu: Tim Hamill, David R. Edwards.

(2) Recordiwyd: Stiwdio Ofn, Rhosneigr, Ynys Mon, 22 Mai 1994.
    Cynhyrchu: Gorwel Owen a David R. Edwards.

Cân Y Mynach Modern (ANKSTMUSIK 121) 2008

Recordiau Ankstmusik. Feinyl 7".

Ochr 1

1 Can Y Mynach Modern (Edwards/Morgan) h: Ankst

Ochr 2

Bombstar★

★ Gan Charlie Sharp.

David R. Edwards: Prif lais
Pat Morgan: Piano.
Geiriau gan David R. Edwards. Cerddoriaeth gan Pat Morgan.

Recordiwyd yn Stiwdio Fflach, Aberteifi, Chwefror 2008.
Peiriannu: Wyn Jones

Recordiau / Cryno Ddisgiau / Casetiau Hir

Trosglwyddo'r Gwirionedd: Ail Gasét Datblygu (NEON 09) 1983

Casetiau Neon. Casét.

Ochr 1

1 Y Ferch Yn Y Swyddfa (Edwards) h: Ankst

2 Cariad Yn Y Rhewgell (Edwards) h: Ankst

3 Yr Uchafbwynt Uchaf (Edwards) h: Ankst

Ochr 2

1 Adeiladu Cnawd (Edwards) h: Ankst

2 Blas Cas (Edwards) h: Ankst

3 Bar Hwyr (Pop Cymru) (Edwards) h: Ankst

4 Dyma'r Diwedd – Y Poen Terfynol (Edwards) h: Ankst

David R. Edwards: Prif lais, gitâr, allweddellau, ffidl, offerynnau taro.
T. Wyn Davies: Allweddellau, llais cefndir, offerynnau taro.

Recordiwyd yn Stiwdio Gwelfryn, Aberteifi rhwng Gorffennaf 1982 a
Gorffennaf 1983.
Trefnwyd y caneuon gan T. Wyn Davies a David R. Edwards.
Cynhyrchu: T. Wyn Davies a David R. Edwards.
Cymysgwyd gyda chymorth Malcolm Neon.

Fi Du: Trydydd Casét Datblygu (NEON 012) 1984

Casetiau Neon. Casét.

Ochr 1

1 Mae Pob Gobaith Wedi Mynd (Edwards/Davies) h: Ankst

2 Tu Allan (Edwards) h: Ankst

3 Bod Yn Ddyn? (Edwards) h: Ankst

4 Rhyw Heb Gyffwrdd (Edwards) h: Ankst

5 Glue I Fyw (Edwards) h: Ankst

6 Rhagfyr (Edwards) h: Ankst

Ochr 2

1 Hunllef Yw'r Freuddwyd (Edwards) h: Ankst

2 Yn Awr (Edwards) h: Ankst

3 Rock Dosbarth Canol Y Ffordd (Edwards) h: Ankst

4 Treiddio yn Araf (David R. Edwards) (Edwards) h: Ankst

5 Ceisio Deall Bywyd (Edwards) h: Ankst

David R. Edwards: Prif lais, gitarau, allweddellau, ffidl, offerynnau taro.
T. Wyn Davies: Allweddellau, offerynnau taro, organ geg, prif lais ar (1:6),
llais cefndir.

Geiriau i gyd gan David R. Edwards.

Cerddoriaeth i gyd gan David R. Edwards heblaw am (1:1) gan T. Wyn Davies.

Recordiwyd yn Stiwdio Gwelfryn, Aberteifi yn ystod 1983.
Cynhyrchu, peiriannu, trefnu'r caneuon; Datblygu.

Caneuon Serch i Bobl Serchog: Casét 4 Datblygu (NEON 015) 1984

Casetiau Neon. Casét.

Ochr 1

1 Yn Y Lle Yma (Edwards) h: Ankst

2 Daeardy (Edwards) h: Ankst

3 Straen (Edwards) h: Ankst

4 Yr Arswyd (Edwards) h: Ankst

Ochr 2

1 Helbulon (Edwards) h: Ankst

2 Dros Y Pasg (Edwards) h: Ankst

David R. Edwards: Prif lais, offerynnau.
T. Wyn Davies: offerynnau eraill.
Pat Morgan: Bas, llais cefndir.

Recordiwyd yn Stiwdio Gwelfryn, Aberteifi, Medi 1984, heblaw am (1:1) Stiwdio Fflach, Medi 1984.
Cynhyrchu: Datblygu, heblaw am (1:1) cynhyrchwyd gan Datblygu a Wyn Jones.

Wyau (ANHREFN 014) 1988

Recordiau Anhrefn. Feinyl 12".

Ochr 1

1 Paentio'r Nenfwd: Efo F'ymenydd (Edwards) h: Ankst

2 Gwlad Ar Fy Nghefn (Edwards/Morgan) h: Ankst

3 Mynwent (Edwards/Morgan) h: Ankst

4 23 (Edwards) h: Ankst

5 Cristion Yn Y Kibbutz (Edwards/Morgan) h: Ankst

6 Cyfarth Cyfathrach (Edwards) h: Ankst

7 Pabell Len (Edwards/Morgan) h: Ankst

8 Saith Arch Bach (Edwards/Morgan) h: Ankst

9 Dafydd Iwan Yn Y Glaw (Edwards/Morgan) h: Ankst

Ochr 2

1 Gwenu Dan Bysiau (Edwards/Morgan) h: Ankst

2 Tymer Aspirin (Edwards/Morgan) h: Ankst

3 Dwylo Olew (Edwards/Morgan) h: Ankst

4 Fanzine Ynfytyn (Edwards/Morgan) h: Ankst

5 Unrhywsgwrs (Edwards) h: Ankst

6 Babannod Beichiog Nawr (Edwards/Morgan) h: Ankst

7 Hen Ysgol Cloff (Edwards) h: Ankst

8 Baban, Nerfau Mor Rhydd (Edwards) h: Ankst

9 Blonegmeddyliau (Edwards/Morgan) h: Ankst

David R. Edwards: Prif lais, gitarau, drymiau, allweddellau, bas, melodica.
Pat Morgan: Bas, gitarau, allweddellau, llais cefndir, mandolin, ffidl.
T. Wyn Davies: Allweddellau, offer taro, gitâr, llais cefndir.
Geiriau gan David R. Edwards, heblaw am (1:8) gan David R. Edwards a Pat Morgan.

Recordiwyd: Llangwyllog, Gwynedd, 14–15 Tachwedd 1987 a 6 Rhagfyr 1987.
Llangors, Powys, 20 Tachwedd 1987.
Rhosneigr, Ynys Môn, 13 Mawrth 1988 a 30 Ebrill 1988.
Peiriannu: Gorwel Owen
Cynhyrchu: Gorwel Owen a Datblygu.

Pyst (OFN 12) 1990

Recordiau Ofn. Feinyl 12".

Ochr 1

1 Benjamin Bore (Edwards) h: Ankst

2 Mas A Lawr (Edwards) h: Ankst

3 Cymryd Mewn Sioe (Edwards/Morgan) h: Ankst

4 Am (Edwards) h: Ankst

5 Nofel O'r Hofel (Edwards/Morgan) h: Ankst

6 Ms. Bara Lawr (Edwards/Morgan) h: Ankst

7 Dymuniadau Da (Edwards/Morgan) h: Ankst

Ochr 2

1 Blwyddyn Nesa Efallai Leukaemia (Edwards) h: Ankst

2 Ugain I Un (Edwards) h: Ankst

3 Mae'r Nyrs Adref (Edwards/Morgan) h: Ankst

4 Mwnci Efo Crach (Edwards) h: Ankst

5 Syrffedu (Edwards/Morgan) h: Ankst

6 Rhawt (Edwards) h: Ankst

7 Nos Da Sgum (Edwards) h: Ankst

David R. Edwards: Prif lais, allweddellau, gitâr.
Pat Morgan: Bas, gitâr, allweddellau
T. Wyn Davies: Allweddellau, offerynnau taro.

Gyda:
Branwen Evans: Fiolin (1:2, 1:3, 1:4, 1:7, 2:7)
Fiona Owen: Llais (2:7)
John Davies: Gitâr pedal steel (2:2)

Geiriau gan David R.Edwards.

Recordiwyd: Stiwdio Ofn, Rhosneigr, Ynys Môn, dros saith diwrnod rhwng hydref 1989 a haf 1990, heblaw am (2:2 a 2:5) Music Factory, Caerdydd, haf 1989.
Cynhyrchu: Gorwel Owen a Datblygu, heblaw am (2:2 a 2:5) a gynhyrchwyd gan Geraint Jarman, John Davies a Datblygu.

Blwch Tymer Tymor (ANKST 21) 1991

Recordiau Ankst. Casét.

Ochr 1

1 Santa a Barbara (Edwards) h: Ankst

2 Sdim Eisiau Esgus (Edwards) h: Ankst

3 Sgorio Dafydd Iwan Dyn Eira (Edwards) h: Ankst

Ochr 2

1 Ga I Fod Sion Corn [Curriculum Vitae](Edwards) h: Ankst

2 Asid Amino (Edwards) h: Ankst

3 3 Tabled Doeth (Edwards) h: Ankst

David R. Edwards: Prif lais, allweddellau.
Pat Morgan: Bas, allweddellau.
Rhian 'Sgarff' Davies: Llais cefndir.

Recordiwyd: Stiwdio Ofn, Rhosneigr, Ynys Môn, 27 Hydref 1991.
Cynhyrchu: Gorwel Owen a Datblygu

Llwybr Llaethog V Tŷ Gwydr MC D.R.E. (ANKST 025) 1991

Recordiau Ankst. Feinyl. 12".

Ochr 1

1 Fi Yw'r Comiwnydd Ola' Yn Ewrop (Griffiths/Ford/
Bentham/Edwards) - h Westbury-Reiat Music/Ankst

2 Osmosis (Griffiths/Ford/Bentham/Edwards) h Westbury-
Reiat Music/Ankst

3 Rhywbeth Gwahanol (Griffiths/Ford/Bentham/Edwards) h
Westbury-Reiat – Music/Ankst

4 Gimi Gimi (Griffiths/Ford/Bentham/Edwards) h Westbury/
Reiat Music/Ankst

Ochr 2

1 Hufen Ia [99 Mics] (Lord/Lugg/Potter/Short/Edwards) h:
Reuvival/Ankst

2 Taith [I Ddiwedd Y Bydysawd] (Lord/Lugg/Potter/Short/
Edwards) – h: Reuvival/Ankst

3 Credwch Mewn Byw (Lord/Lugg/Potter/Short/Edwards) h:
Reuvival/Ankst

4 Credwch Mewn Dub (Lord/Lugg/Potter/Short/Edwards) h:
Reuvival/Ankst

Geiriau: David R. Edwards

Ochr 1:
David R. Edwards: Prif lais.
John Griffiths: Gitâr, allweddellau.
Ben Bentham: Bas.
Kevs Ford: Allweddellau.

Recordiwyd: Yr Hen Fferylldy, Blaenau Ffestiniog, 1991.
Cynhyrchu: Llwybr Llaethog.

Ochr 2:
David R. Edwards: Prif lais
Gareth Potter: Electronau, samplau, bîts.
Mark Lugg: Electronau, samplau, bîts.
David Lord. Electronau, samplau, bîts.
Rhian 'Sgarff' Davies: Llais.

Recordiwyd:Y Gegin, Cathays, Caerdydd, 1991
Cynhyrchu: Tŷ Gwydr.

Libertino (ANKST 037) 1993

Recordiau Ankst. CD.

1 Ein (R.Edwards, A.Edwards, Morgan, Wood, Lennon) h:
Ankst

2 Gazpacho (Edwards/Morgan) h: Ankst

3 Nos Iau Ar Yr Arfordir (Edwards/Morgan) h: Ankst

4 Cân I Gymry (Edwards/Matthews) h: Ankst

5 Ci Mewn Cariad (Edwards/Morgan) h: Ankst

6 Bedd O Flodau Byw (Edwards/Morgan) h: Ankst

7 Y (Edwards/Morgan) h: Ankst

8 Maes E ((Edwards/Edwards/Morgan/Lichi/Reid) h: Ankst)
h: Ankst

9 Gweddi a'r Clwyf (Edwards/Morgan) h: Ankst

10 Swydd Dros Dro (Edwards/Morgan) h: Ankst

11 Os (Edwards/Morgan) h: Ankst

12 Dim Deddf, Dim Eiddo (Edwards/Morgan) h: Ankst

13 300 Dydd Mewn 365 (Edwards/Morgan) h: Ankst

14 Cawl Yw'r Wyddor (Edwards/Morgan) h: Ankst

15 Croes, Oh (Edwards/Morgan) h: Ankst

16 Jazzffyk a Gêmau Fideo (Edwards/Morgan) h: Ankst

17 Rauschgiftsuchtige ? (Edwards/Morgan) h: Ankst

18 Hei George Orwell (Edwards/Morgan) h: Ankst

19 Nid Y Waltz Olaf (Edwards, Reid, Morgan) h: Ankst

20 Mat Cwrw O Uffern (Edwards/Morgan) h: Ankst

David R. Edwards: Prif lais, offerynnau.
Pat Morgan: Llais, gitâr, offerynnau eraill,
Al Edwards: Drymiau, offerynnau taro, offerynnau eraill.
Rheinallt Ap Gwynedd: Bas, offerynnau eraill.
Peredur Ap Gwynedd: Gitâr (17).
Gorwel Owen: Offerynnau.
Fiona Owen: Llais ar (8).
Kenny Reid: Harmonica (17).
Siân Meirion: Cello (9 & 15)
Rhian Wood: Llais (1&6)
John Griffiths: Gitâr (17).

Cerddoriaeth gan Datblygu heblaw am ddiwedd (13) Geraint Jarman.
Geiriau gan David R. Edwards heblaw am: (1) David R. Edwards, Rhian
Wood, Al Edwards, Mark Lennon. (4) David R. Edwards, Rhiannon
Matthews. (8) David R. Edwards, Alex Lichi, Kenny Reid. (19) David R.
Edwards, Kenny Reid.

Recordiwyd: Stiwdio Ofn, Rhosneigr, Ynys Môn, gaeaf 1992, heblaw am (17) recordiwyd yn fyw, hydref 1992 yng Nghaerdydd gan Criw Byw. Cynhyrchu: David R. Edwards, Al Edwards, Gorwel Owen.

Casgliadau

BBC Peel Sessions (ANKST 027) 1992

Recordiau Ankst. Feinyl 12".

Ochr 1

1 Bagiau Gareth (Edwards/Morgan) h: Ankst

2 Carpiog (Edwards/ Morgan) h: Ankst

3 Cerddoriaeth Dant (Edwards/Morgan) h: Ankst

4 Nesaf (Edwards/ Morgan) h: Ankst

5 Fanzine Ynfytyn (Edwards/Morgan) h: Ankst

6 Cristion Yn Y Kibbutz (Edwards/Morgan) h: Ankst

7 Gwlad Ar Fy Nghefn (Edwards/Morgan) h: Ankst

Ochr 2

1 Dros Y Pasg Eto (Edwards) h: Ankst

2 Pop Peth (Edwards) h: Ankst

3 Slebog Bywydeg (Edwards/Morgan) h: Ankst

4 Nid Chwiwgi Pwdin Gwaed (Edwards/Morgan) h: Ankst

5 Rhag Ofn I Chi Anghofio (Edwards/Morgan) h: Ankst

(1:1-1:4)
Recordiwyd: BBC Maida Vale, 26 Ebrill1987.
Cynhyrchu: Dale Griffin.

David R. Edwards: Prif lais, gitâr, allweddellau, teganau.
Pat Morgan: Bas, gitâr, piano, allweddellau, melodica.
T. Wyn Davies: Teganau eraill, offerynnau taro.

(1:5-2:1)

Recordiwyd: BBC Maida Vale, Llundain, 9 Chwefror 1988.
Cynhyrchu: Dale Griffin.

David R. Edwards: Prif lais, gitâr, allweddellau, teganau.
Pat Morgan: Bas, gitâr, allweddellau, melodica.
T. Wyn Davies: Teganau eraill, llais cefndir. offerynnau taro.

(2:2–2:5)
Recordiwyd: BBC Maida Vale, Llundain. 20 Ionawr 1991.
Cynhyrchu: Dale Griffin.

David R. Edwards: Prif lais, gitâr, allweddellau, teganau.
Pat Morgan: Bas, gitâr, piano, allweddellau, melodica.
T. Wyn Davies: Teganau eraill, offerynnau taro, cello.

Wyau & Pyst = 32 Bom = 1987 – 1990 (ANKST 060) 1995

Recordiau Ankst. CD.

Wyau a *Pyst* ar un cryno ddisg.
Gweler y recordiau gwreiddiol am ragor o fanylion.

Datblygu 1985-1995 (ANKSTMUSIK CD 086) 1999

Recordiau Ankstmusik. CD. LP

1 Y Teimlad (Edwards/Morgan) h: Ankst

2 Nefoedd Putain Prydain (Edwards/Morgan) h: Ankst

3 Hollol, Hollol, Hollol (Edwards/Morgan) h: Ankst

4 Cyn Symud i Ddim (Edwards/Morgan) h: Ankst

5 Braidd (Edwards/Morgan) h: Ankst

6 Casserole Efeilliaid (Edwards/Morgan) h: Ankst

7 Firws i Frecwast (Edwards/Morgan) h: Ankst

8 Mynd (Edwards/Morgan) h: Ankst

9 Brechdanau Tywod (Edwards/Morgan) h: Ankst

10 Merch Tŷ Cyngor (Jarman) h: Sain

11 Pop Peth (Edwards) h: Ankst

12 Santa a Barbara (Edwards) h: Ankst

13 Sdim Eisiau Esgus (Edwards) h: Ankst

14 Sgorio Dafydd Iwan Dyn Eira (Edwards) h: Ankst

15 Ga i Fod Sion Corn (Edwards) h: Ankst

16 Asid Amino(Edwards) h: Ankst

17 3 Tabled Doeth (Edwards) h: Ankst

18 Maes E (Edwards/Edwards/Morgan/Lichi/Reid) h: Ankst

19 Amnesia (Edwards) h: Ankst

20 Alcohol (Edwards) h: Ankst

1-2 Oddi ar: Cam o'r Tywyllwch (ANHREFN 02) 1985
3-4 Oddi ar: Gadael yr Ugeinfed Ganrif (ANHREFN 04) 1986
5-8 Oddi ar: Hwgwr-Grawth-Og (ANHREFN 008) 1986
9   Oddi ar: Dyma'r Rysait (OFN 05) 1988
10 Oddi ar: Hen Wlad Fy Nhadau (ANKST 013) 1990
11 Oddi ar: Pop Peth (OFN 014C) 1991
12-17 Oddi ar: Blwch Tymer Tymor (ANKST 21) 1991
18 Oddi ar: Maes E [Cnwch] (ANKST 032) 1992
19-20 Oddi ar: Putsch (ANKST 054) 1994

Wyau / Pyst / Libertino (ANKSTMUSIK 111) 2004

Recordiau Ankstmusik. CD dwbl.

CD dwbl yn cynnwys tri albwm.

Gweler Wyau & Pyst = 32 Bom = 1987 – 1990 a Libertino am ragor o fanylion.

Bocs set yn cynnwys llyfr 68 tudalen, gyda'r 'lyrics' yn Gymraeg a Saesneg

Datblygu The Peel Sessions 1987-1993 (ANKSTMUSIK 119) 2008

Recordiau Ankstmusik. CD.

1 Bagiau Gareth (Edwards/Morgan) h: Ankst

2 Carpiog (Edwards/ Morgan) h: Ankst

3 Cerddoriaeth Dant (Edwards/Morgan) h: Ankst

4 Nesaf (Edwards/ Morgan) h: Ankst

5 Fanzine Ynfytyn (Edwards/Morgan) h: Ankst

6 Cristion Yn Y Kibbutz (Edwards/Morgan) h: Ankst

7 Gwlad Ar Fy Nghefn (Edwards/Morgan) h: Ankst

8 Dros Y Pasg Eto (Edwards) h: Ankst

9 Pop Peth (Edwards) h: Ankst

10 Slebog Bywydeg (Edwards/Morgan) h: Ankst

11 Nid Chwiwgi Pwdin Gwaed (Edwards/Morgan) h: Ankst

12 Rhag Ofn I Chi Anghofio (Edwards/Morgan) h: Ankst

13 Hymn Europa 1992 (Edwards) h: Ankst

14 Dim Deddf Dim Eiddo (Edwards/Morgan) h: Ankst

15 Rauschgiftsuchtige (Edwards/Morgan) h: Ankst

16 Hablador (Edwards/Morgan) h: Ankst

17 Clwb 11–18 (Edwards/Morgan) h: Ankst

18 Wastad Absennol (Edwards/Morgan) h: Ankst

19 Mae Arian Yn Tyfu Tu Mewn Coed (Edwards/Morgan) h: Ankst

20 Diahorrea Berfol (Edwards) h: Ankst

Am fanylion traciau 1–12 Gweler BBC Peel Sessions (Ankst 027), 1992.

13-16
Recordiwyd: BBC Maida Vale, 3 Mai 1992.
Cynhyrchu: Mike Engles.

David R. Edwards: Prif lais, harmonica.
Pat Morgan: Allweddellau, piano.

Rheinallt Ap Gwynedd: Bas.
Peredur Ap Gwynedd: Gitâr, piano.
Al Edwards: Drymiau, offerynnau taro.
Euros Rowlands: Drymiau, fiola
John Griffiths: Gitâr.

17-20
Recordiwyd: BBC Maida Vale, 11 Gorffennaf 1993
Cynhyrchu: Mike Engles

David R. Edwards: Prif lais, teganau.
Pat Morgan: Gitâr, allweddellau.
Rheinallt Ap Gwynedd: Bas.
Peredur Ap Gwynedd: Gitâr, piano.
Paul O'Brien: Didgeridoo, fiola, chwisl dun.
Al Edwards: Drymiau.

Detholiad o Ganeuon ar Gasgliadau Amlgyfrannog

Y Gorffennol i'r Presennol (NEON 013) 1984

Casetiau Neon. Casét.

1:1 Ble Mae Ymenyddiau Defaid Y Disco? (Edwards/Davies)
h: Ankst

1:2 Yr Oeddwn (Edwards/Davies) h: Ankst

1:3 Gwfreiddio: Hunllef Noson Yn 1982 (Edwards) h: Ankst

1:4 Sîn Gymraeg (Edwards/Davies) h: Ankst

1:5 Bradychwyr [Anifeiliaid Byw Nid Cig] (Edwards) h: Ankst

David R. Edwards: Prif lais, offerynnau acwstig ac electronig.
T. Wyn Davies: Llais, offerynnau acwstig ac electronig, llais cefndir.
(1:5) Gan Myfyrwyr Moesoldeb
Betty Edwards: Pris lais
David R Edwards: Offerynnau acwstig ac electronig

Recordiwyd yn Stiwdio Gwelfryn rhwng Mai a Rhagfyr 1982. Gorffenwyd y traciau ym 1983, heblaw am (1:5): recordiwyd Mai 1982 a chwblhawyd ar ddechrau 1984.
Cynhyrchu, peiriannu, trefnu'r caneuon; Datblygu, heblaw am (1:5): David R. Edwards.

Cam o'r Tywyllwch (ANHREFN 02) 1985

Recordiau Anhrefn. Feinyl LP 12".

1:2 Y Teimlad (Edwards/Morgan) h: Ankst

2:3 Nefoedd Putain Prydain (Edwards/Morgan) h: Ankst

Geiriau gan David R. Edwards.
David R. Edwards: Prif lais, gitâr, allweddellau.
Pat Morgan: Bas.
T. Wyn Davies: Allweddellau, drymiau, peiriant drymiau.

Recordiwyd yn Stiwdio Foel, Llanfair Caereinion, Powys, 1985.
Cynhyrchu: Chris Whitelaw, Brian Snelling.

Gadael yr Ugeinfed Ganrif (ANHREFN 04) 1986

Recordiau Anhrefn: Feinyl LP 12".

1:3 Hollol (Hollol) Hollol (Edwards/Morgan) h: Ankst

2:3 Cyn Symud i Ddim (Edwards/Morgan) h: Ankst

Geiriau gan David. R. Edwards.
David R. Edwards: Prif lais, allweddellau, gitâr, offerynnau taro.
Pat Morgan: Bas, melodica, offerynnau taro.
T. Wyn Davies: Allweddellau, harmonica, offerynnau taro.

Recordiwyd yn Stiwdio Foel, Llanfair Careinion, Powys, Medi 1985.
Cynhyrchu: Brian Snelling.

Dyma'r Rysait (OFN 05) 1988

Recordiau Ofn. Feinyl EP 7".

2:1 Brechdanau Tywod (Edwards/Morgan) h: Ankst

David R. Edwards: Prif lais, allweddellau, melodica..
Pat Morgan: Bas, gitâr, llais cefndir.
T. Wyn Davies: Allweddellau.

Recordiwyd yn Stiwdio Ofn, Rhosneigr, Ynys Môn,13 Mawrth 1988 a 30
Ebrill 1988.
Cynhyrchu: Gorwel Owen a Datblygu.

Yr Ysbryd Yn Y Sach Cysgu / Burning Down The Chapels (SLATE 7) 1988

Recordiau Central Slate. Casét

1:1 Ynrywsgwrs (Fersiwn) (Edwards) h: Ankst

1:9 Brechdanau Tywod #2 (Edwards/Morgan) h: Ankst

2:5 Brechdanau Tywod #3 (Edwards/Morgan) h: Ankst

(1) a.k.a. "Unrywsgwrs". Nid yr un fersiwn sydd ar Wyau.

(2, 3) Nid yr un fersiynau sydd ar Dyma'r Rysait).

David R. Edwards: Prif lais, allweddellau, melodica..
Pat Morgan: Bas, gitâr, llais cefndir.
T. Wyn Davies: Allweddellau.
Geiriau i gyd gan David R. Edwards.

Recordiwyd yn Stiwdio Ofn, Rhosneigr, Ynys Môn, 13 Mawrth 1988 a 30
Ebrill 1988.
Cynhyrchu: Gorwel Owen a Datblygu.

Gwyrdd (FFLACH CO53C) 1989

Recordiau Fflach. Casét.

2:2 Syrffedu (Edwards/Morgan) h: Ankst

Nid yr un fersiwn sydd ar *Pyst*.

David R. Edwards: Prif lais, drymiau.
Pat Morgan: Bas, gitâr.
T. Wyn Davies: Allweddellau, , offerynnau taro.

Recordiwyd: Music Factory, Caerdydd, haf 1989.
Cynhyrchu: Geraint Jarman, John Davies.

Penroc 1 (GP 002) 1989

Groucho Productions. Casét

1:10 Nesaf (Edwards/Morgan) h: Ankst

2:6 Cristion Yn Y Kibbutz (Edwards/Morgan) h: Ankst

David R. Edwards: Prif lais, teganau.
Pat Morgan: Bas.
T.Wyn Davies: Allweddellau, offerynnau taro, teganau eraill.

Recordiwyd yn fyw yn Theatr Cwmtawe, Pontardawe, 21 Mai 1988.
Peiriannu: Buzby, Hubert.

Hen Wlad Fy Nhadau (ANKST 013) 1990

Recordiau Ankst. Casét.

2:1 Merch Tŷ Cyngor (Jarman) h: Sain

2:6 Hen Wlad Fy Nhadau (James/James) h: Kassner

David R.Edwards: Prif lais, allweddellau, gitâr.
Pat Morgan: Bas, organ, piano, allweddellau.
T. Wyn Davies: Allweddellau.

Recordiwyd Stiwdio Ofn, Rhosneigr, Ynys Môn, Hydref 1990
Cynhyrchu: Gorwel Owen, Datblygu.

O'r Gad (ANKST 020) 1991

Recordiau Ankst. CD.

18 Popeth Yn Gymraeg ★ (Edwards) h: Ankst

David T. Edwards: Prif lais.
Pat Morgan: Bas, llais cefndir.
T. Wyn Davies: Allweddellau.
Rhian 'Sgarff' Davies: Llais cefndir.
Fiona Owen: Llais cefndir.

Recordiwyd yn Stiwdio Ofn, Rhosneigr, Ynys Môn, Gorffennaf 1991.
Cynhyrchu: Gorwel Owen a Datblygu.
★ a.k.a. 'Popeth'. Remics. Nid un o'r fersiynau sydd ar y casét *Popeth*.

Electro Dub Techno Pop Ankst (ANKST 044) 1993

Recordiau Ankst.Casét.

2: 5 Sdori Nan (Griffiths/Ford/Bentham/Edwards) h Westbury-Reiat Music/Ankst

Trac na ddefnyddiwyd ar gyfer: Llwybr Llaethog V Ty Gwydr MC D.R.E. (ANKST 025) 1991

Triskedekaphilia (ANKST 061) 1995

Recordiau Ankst. CD.

5 Hanner Awr Wedi Dim (Edwards/Morgan) h: Ankst
13 Yr Opera – Mozart Edwardes, gwir tywysog Cymru, a fu dioddef yn nwylo bastardd ap cigydd y prifathro pryfoclyd a'i nadredd anwes, neu tair putain o'r enw Eurgain (Edwards/Morgan) / Slebog Bywydeg (Edwards/Morgan) h: Ankst
Geiriau gan David R. Edwards.

(5) David R. Edwards: Prif lais,
   Carlton B. Morgan: Harmonica.
(13)   David R. Edwards: Prif lais.
       Pat Morgan: Piano Steinway Grand.
       Rhian 'Sgarff' Davies: Llais cefndir.
       Alex Lamb: Fiola.

(5)   Recordiwyd yn Stiwdio Fflach, Aberteifi, Chwefror,1995.
       Cynhyrchu: Wyn Jones, Datblygu.

(13)   Recordiwyd yn fyw yn Stiwdio 1 BBC Cymru, Abertawe, 29 Medi
       1991.
       Cynhyrchu: Gareth Morlais, Datblygu
       Peirianwyr: Aled Wood, Wyn Jones

       Sesiynau ar gyfer *Heno Bydd Yr Adar Yn Canu* (BBC Radio Cymru).

Croeso 99 (ANKSTMUSIK 089) 1999

Recordiau Ankstmusik. CD.

1 Maes E 1999 (Edwards) h: Ankst

David R. Edwards: Prif lais.
John Griffiths: Gitâr, allweddellau.
Kevs Ford: Bas.
MC Sleifar: Llais ychwanegol.
G Man: Llais ychwanegol

Remics gan Llwybr Llaethog a'r Tystion
Cynhyrchu: Llwybr Llaethog.
Recordiwyd: Stiwdio Neud Nid Deud, Caerdydd, 1999.

Llwybr Llaethog: Stwff (NND 001) 2001

Neud Nid Deud. CD

8 Enfys Dub (Ford/Griffiths) h: Westbury/Reiat

Gan Llwybr Llaethog a Datblygu.

Recordiwyd: Stiwdio Neud Nid Deud, Caerdydd. 2001
Cynhyrchu: Llwybr Llaethog.
Cynnwys samplau o 'Maes E' gan Datblygu..

Radio Amgen (FIT! 015) 2005

Fitamin Un. CD

6 Mynd (Edwards/Morgan) h: Ankst

Oddi ar y CD a roddwyd am ddim gyda rhifyn 10 o'r cylchgrawn Brechdan Tywod.

Recordiwyd yn fyw, Aberystwyth, Awst 1986.
Oddi ar *Datblygu* (gweler yr adran Bwtlegs).

Llwybr Llaethog: Chwaneg (NND 003) 2009

Neud Nid Deud. CD.

4 Kudos (Griffiths/Ford/Edwards) h: Westbury/Reiat

John Griffiths: Gitâr, allweddellau.
Kevs Ford: Bas.
David R. Edwards: Llais.
Rhian 'Sgarff' Davies: Llais cefndir

Recordiwyd: Stiwdio Neud Nid Deud, Caerdydd, 2005
Cynhyrchu: Llwybr Llaethog.
Cynnwys darn gan David R. Edwards wedi ei recordio dros y ffôn.

Bwtlegs

Datblygu. 1988

Dim Label.Casét.

Ochr 1

1 Dafydd Iwan Yn Y Glaw (Edwards/Morgan) h: Ankst

2 Hollol Hollol Hollol (Edwards/Morgan) h: Ankst

3 Casserole Efeilliaid (Edwards/Morgan) h: Ankst

4 Bloneg Meddyliau (Edwards/Morgan) h: Ankst

Ochr 2

1 Gwenu Dan Bysiau (Edwards/Morgan) h: Ankst

2 Cyn Symud I Ddim (Edwards/Morgan) h: Ankst

3 Brechdanau Tywod (Edwards/Morgan) h: Ankst

4 Mynd (Edwards/Morgan) h: Ankst

Ochr 1 Trac 1-3 (Yn fyw, The Square, Harlow, Essex, Mai 1986)
David R, Edwards: Prif lais, gitâr, allweddellau, offerynnau taro.
Pat Morgan: Bas.

Ochr 1 Trac 4- Ochr 2 Trac 1 (Yn fyw, Aberystwyth, Awst 1986)
David R, Edwards: Prif lais, melodica, allweddellau, offerynnau taro.
Pat Morgan: Bas.

Ochr 2 Trac 2-4 (Yn fyw, Bangor Rhagfyr 1987)
David R, Edwards: Prif lais, gitâr, allweddellau.
Pat Morgan: Bas, allweddellau.
T. Wyn Davies: Allweddellau, offerynnau taro, llais.

Yn Y Bwcis: Maent Yn Saethu Ceffylau A Chyn Aelodau O Hergest. 1989

Dim Label. Casét.

Ochr 1

1 Ugain I Un (Edwards) h: Ankst

2 Syrffed (Edwards/Morgan) h: Ankst

3 Hwren Hollalluog (Edwards) h: Ankst

4 Llais John Peel (Kaleidoscope, BBC Radio 4 1989)

5 Dafydd Iwan Yn Y Glaw (Edwards/Morgan) h:
Cyhoeddiadau Ankst

6 Fanzine Ynfytyn (Edwards/Morgan) h: Cyhoeddiadau Ankst

7 Unrhywsgwrs (Edwards) h: Cyhoeddiadau Ankst

8 Gwlad Ar Fy Nghefn (Edwards/Morgan) h: Cyhoeddiadau Ankst

9 Babanod Beichiog Nawr (Edwards/Morgan) h: Cyhoeddiadau
Ankst

Ochr 2

1 Casserole Efeilliaid (Edwards/Morgan) h: Ankst

2 Nesaf (Edwards/Morgan) h: Ankst

3 Y Ffordd I Samplo Hairdryer (Edwards/Morgan) h: Ankst

4 Christion Yn Y Kibbutz (Edwards/Morgan) h: Ankst

5 Bagiau Gareth (Edwards/Morgan) h: Ankst

6 Carpiog (Edwards/Morgan) h: Ankst

7 Cerddoriaeth Dant (Edwards/Morgan) h: Ankst

8 Nesaf (Edwards/Morgan) h: Ankst

9 Fanzine Ynfytyn (Edwards/Morgan) h: Ankst

10 DrosY Pasg (Edwards) h: Ankst.

Ochr 1 Trac 1-3 (Fideo 9 Mehefin '89)
David R.Edwards: Prif lais., allweddellau, gitâr.
Pat Morgan: Bas, gitâr, allweddellau.
T. Wyn Davies: Allweddellau, offerynnau taro.
John Davies: Gitâr pedal steel.

Ochr 1 Trac 5- Ochr 2 Trac 4 (Yn fyw, Pontardawe, 21 Mai 1988)
David R. Edwards: Prif lais, teganau.
Pat Morgan: Bas.
T.Wyn Davies: Allweddellau, offerynnau taro, teganau eraill.

Ochr 2 Trac 5-8 (Sesiwn cyntaf Peel, 13 Mai 1987)
Gweler BBC Peel Sessions (Ankst 027) 1992

Ochr 2 Trac 9-10 (Hanner ail sesiwn Peel, 17 Chwefror 1988)
Gweler BBC Peel Sessions (Ankst 027) 1992

Fideos

Datblygu A'r Anhrefn Yn Fyw Yn Harlow (ANFYD 002) 1986

Anfyd. Fideo

1 Dafydd Iwan Yn Y Glaw (Edwards/Morgan) h: Ankst
2 Hollol Hollol Hollol (Edwards/Morgan) h: Ankst
3 Casserole (Edwards/Morgan) h: Ankst
4 Priodas Hapus
5 Uffern Un, Nefoedd Llall
6 Rhywle Ym Moscow

4-6 gan Yr Anhrefn.
David R, Edwards: Prif lais, allweddellau, gitâr.
Pat Morgan: Bas, allweddellau.

Recordiwyd yn fyw, The Square, Harlow, Essex, Mai 1986.

Pop Peth (CF008) 1992

Fideo S4C. Fideo

4 Santa a Barbara (Edwards) h: Ankst
8 Ffansin Ynfytyn (Edwards/Morgan) h: Ankst *
12 Pop Peth (Edwards) h: Ankst

* David R. Edwards a Llwybr Llaethog.
Casgliad o fideos o'r gyfres deledu *Fideo 9* gan Criw Byw.

Poppethdau (ANKST 046) 1993

Recordiau Ankst. Fideo.

5 Hei George Orwell (Edwards/Morgan) h: Ankst
16 Rauschgiftsuchtige (Edwards/Morgan) h: Ankst

Casgliad o fideos o'r gyfres deledu *Fideo 9* gan Criw Byw.
Recordiwyd: Hydref 1992.

Crymi 2 A Miserable Nation Obsessed With The Past (ANKSTMUSIK 112) 2004

Recordiau Ankstmusik. DVD

1 Ugain I Un (Edwards) h: Ankst
2 Syrffed (Edwards/Morgan) h: Ankst
3 Hwren Hollalluog (Edwards) h: Ankst

DVD yn cynnwys casgliad o fideos o'r gyfres deledu *Fideo 9* gan Criw Byw.
Recordiwyd: Haf 1989.

Llyfrau

Al, Mae'n Urdd Camp: Cyfres Y Beirdd Answyddogol 22 (Y Lolfa) 1992

Y Lolfa. Llyfr

1 Mwnci Efo Crach

2 C.V.

3 Mwyarhebion

4 Rhag Ofn I Chi Anghofio

5 Am

6 Gwlad Ar Fy Nghefn

7 Anturiaethau yr HWGRGRAWTHOG

8 Chwarae – "Llythyr Cariad O Ddrewdod Uffern".

9 Pererin Nid Wyf

10 Ffeithiau Bywyd

11 Sgidiau Tywod ym Mis Chwefror.

12 Lamp Fwa Oer
   Rhyfedddodau Dai Eog

13 Vodka gydag Alarch Chwys
   System Addysg Go Iawn.

www.ylolfa.com